全国高等学校外语教师丛书

Statistical Methods in Language Research with R

基于R的语言学
统计方法

王家钺 编著

外语教学与研究出版社
FOREIGN LANGUAGE TEACHING AND RESEARCH PRESS
北京 BEIJING

图书在版编目（CIP）数据

基于 R 的语言学统计方法 / 王家钺编著. —— 北京：外语教学与研究出版社，
2019.9（2020.2 重印）
（全国高等学校外语教师丛书. 科研方法系列）
ISBN 978-7-5213-1192-1

Ⅰ. ①基… Ⅱ. ①王… Ⅲ. ①语言统计－统计方法 Ⅳ. ①H0-05

中国版本图书馆 CIP 数据核字 (2019) 第 212901 号

出 版 人　徐建忠
项目负责　段长城
责任编辑　解碧琰
责任校对　段长城
封面设计　覃一彪　彩奇风
版式设计　吴德胜
出版发行　外语教学与研究出版社
社　　址　北京市西三环北路 19 号（100089）
网　　址　http://www.fltrp.com
印　　刷　北京虎彩文化传播有限公司
开　　本　650×980　1/16
印　　张　16.5
版　　次　2019 年 10 月第 1 版 2020 年 2 月第 2 次印刷
书　　号　ISBN 978-7-5213-1192-1
定　　价　61.90 元

购书咨询：(010) 88819926　电子邮箱：club@fltrp.com
外研书店：https://waiyants.tmall.com
凡印刷、装订质量问题，请联系我社印制部
联系电话：(010) 61207896　电子邮箱：zhijian@fltrp.com
凡侵权、盗版书籍线索，请联系我社法律事务部
举报电话：(010) 88817519　电子邮箱：banquan@fltrp.com
物料号：311920001

记载人类文明
沟通世界文化
www.fltrp.com

目　录

上　篇

中　篇

下　篇

总　序

"全国高等学校外语教师丛书"是外语教学与研究出版社高等英语教育出版分社近期精心策划、隆重推出的系列丛书，包含理论指导、科研方法和教学研究三个子系列。本套丛书既包括学界专家精心挑选的国外引进著作，又有特邀国内学者执笔完成的"命题作文"。作为开放的系列丛书，该丛书还将根据外语教学与科研的发展不断增加新的专题，以便教师研修与提高。

编者有幸参与了这套系列丛书的策划工作。在策划过程中，我们分析了高校英语教师面临的困难与挑战，考察了一线教师的需求，最终确立这套丛书选题的指导思想为：想外语教师所想，急外语教师所急，顺应广大教师的发展需求；确立这套丛书的写作特色为：突出科学性、可读性和操作性，做到举重若轻，条理清晰，例证丰富，深入浅出。

第一个子系列是"理论指导"。该系列力图为教师提供某学科或某领域的研究概貌，期盼读者能用较短的时间了解某领域的核心知识点与前沿研究课题。以《二语习得重点问题研究》一书为例，该书不求面面俱到，只求抓住二语习得研究领域中的热点、要点和富有争议的问题，动态展开叙述。每一章的写作以不同意见的争辩为出发点，对取向相左的理论、实证研究结果差异进行分析、梳理和评述，最后介绍或者展望国内外的最新发展趋势。全书阐述清晰，深入浅出，易读易懂。再比如《认知语言学与二语教学》一书，全书分为理论篇、教学篇与研究篇三个部分。理论篇阐述认知语言学视角下的语言观、教学观与学习观，以及与二语教学相关的认知语言学中的主要概念与理论；教学篇选用认知语言学领域比较成熟的理论，探讨应用到中国英语教学实践的可能性；研究篇包括国内外将认知语言学理论应用到教学实践中的研究综述、研究方法介绍以及对未来研究的展望。

第二个子系列是"科研方法"。该系列介绍了多种研究方法，通常是一本书介绍一种方法，例如问卷调查、个案研究、行动研究、有声思维、语料库研究、微变化研究和启动研究等。也有的书涉及多种方法，综合描述量化研究或者质化研究，例如：《应用语言学中的质性研究与分析》、《应用语言学中的量化研究与分析》和《第二语言研究中的数据收集方法》等。凡入选本系列丛书的著作人，无论是国外著者还是国内著者，均有高度的读者意识，乐于为一线教师开展教学科研服务，力求做到帮助读者"排忧解难"。例如，澳大利亚安妮·伯恩斯（Anne Burns）教授撰写的《英语教学中的行动研究方法》一书，从一线教师的视角，讨论行动研究的各个环节，每章均有"反思时刻"、"行动时刻"等新颖形式设计。同时，全书运用了丰富例证来解释理论概念，便于读者理解、思考和消化所读内容。凡是应邀撰写研究方法系列的中国著作人均有博士学位，并对自己阐述的研究方法有着丰富的实践经验。他们有的运用了书中的研究方法完成了硕士、博士论文，有的采用书中的研究方法从事过重大科研项目。以秦晓晴教授撰写的《外语教学问卷调查法》一书为例，该书著者将系统性与实用性有机结合，根据实施问卷调查法的流程，系统地介绍了问卷调查研究中问题的提出、问卷项目设计、问卷试测、问卷实施、问卷整理及数据准备、问卷评价以及问卷数据汇总及统计分析方法选择等环节。书中各个环节的描述都配有易于理解的研究实例。

第三个子系列是"教学研究"。该系列与前两个系列相比，有两点显著不同：第一，本系列侧重同步培养教师的教学能力与教学研究能力；第二，本系列所有著作的撰稿人主要为中国学者。有些著者虽然目前在海外工作和生活，但他们出国前曾在国内高校任教，也经常回国参与国内的教学与研究工作。本系列包括《英语听力教学与研究》、《英语写作教学与研究》、《英语阅读教学与研究》、《英语口语教学与研究》、《翻译教学与研究》等。以《英语听力教学与研究》一书为例，著者王艳副教授拥有十多年的听力教学经验，同时听力教学研究又是她博士论文的选题领域。《英语听力教学与研究》一书，浓缩了她多年来听力教学与听力教学研究的宝贵经验。全书分为两部分：教学篇与研究篇。教学篇中涉及了听力教学的各个重要环节以及学生在听力学习中可能碰到的困难与应对的办法，所选用的案例均来自著者课堂教学的真实活动。研究篇中既有著者的听力教学研究案例，也有著者从国内外文献中筛选出的符合中国国情的听力教学研究案例，综合在一起加以分析阐述。

　　教育大计，教师为本。"全国高等学校外语教师丛书"内容全面，出版及时，必将成为高校教师提升自我教学能力、研究能力与合作能力的良师益友。编者相信本套丛书的出版对高校外语教师个人专业能力的提高，对教师队伍整体素质的提高，必将起到积极的推动作用。

文秋芳

北京外国语大学中国外语与教育研究中心

2011 年 7 月 3 日

前　言

　　统计方法是语言研究的重要基础。经几代学者的努力，统计方法在我国外语界已得到很大普及，很多外语院系在研究生阶段开设了与统计相关的课程。近二十年的数种优秀教材，如桂诗春、宁春岩（1997）的《语言学方法论》，杨端和、李强（1998）的《语言统计学》，李绍山（1999）的《语言研究中的统计学》，韩宝成（2000）的《外语教学科研中的统计方法》，马广惠（2003）的《外国语言学及应用语言学统计方法》，秦晓晴（2003）的《外语教学研究中的定量数据分析》，秦晓晴、毕劲（2015）的《外语教学定量研究方法及数据分析》等，为在外语界普及统计方法起到了巨大的推动作用。本书拟在已有研究成果的基础上继续努力，为从事语言学研究的高校外语教师、研究生和科研人员提供相关参考。

　　本书的特点是基于 R 而不是 SPSS。R 作为统计软件相当年轻，但已风靡国际，是国外很多大学公用计算机上预装的统计工具。它是开源软件，对个人完全免费，但统计功能一点也不少，而且有许多独特的优势，比如制图功能非常强大，这对撰写论文、编写教材和专著等无疑是个好消息。随着国际学术交流日益频繁，越来越多的学者将 R 带回国内，个别外语院系开始基于 R 开设统计课程；近年有些硕士学位论文也提到或用到了 R。随着学术研究跨学科、跨专业的趋势日渐明显，外语界应该对 R 投入足够的注意。这不只是为了多一种选择，更重要的是 R 提供的巨大灵活性使之有更大的发展潜力，非常有助于激发研究者的创造性。如今外语界掌握 R 的人士越来越多，相信不久以后 R 将成为国内外语界的主要统计工具。

　　国内已经出版的 R 教程大部分都是面向理工科读者，与语言研究相关的仅有 2018 年商务印书馆翻译出版的 Stefan Th. Gries 的著名教程《语言研究中的统计学——R 软件应用入门》（*Statistics for Linguistics with R: A Practical Introduction*），因此编者认为编写一本基于 R 的语言学统计教程非常有必要。

当今我国外语界除少数几个子领域外，多数并不重视统计，统计方法在研究生培养方案中所占的比例极小；多数人只求入门，偏爱"快餐"式的教程，对详读大部头教程没有兴趣，所以本教程力求简洁明了。不过本书也有自足性，可以作为高校应用语言学领域的统计方法入门教材。本书并不试图说服已经熟悉 SPSS 的读者再学习 R，因为只要熟练掌握一种统计软件就够用了。

　　本书分三篇。上篇前三章是对 R 的介绍，包括 R 的基本知识、安装与设置以及基本操作方式。第四章介绍如何用 R 做随机抽样，第五章介绍用 R 制图的主要方法，这些是 R 相对于 SPSS 的重要特色。中篇讲解主要的统计方法，包括描述统计的原理与方法、推断统计的重要概念，并介绍常用的推断统计方法以及如何用 R 实现。为帮助读者更好地理解内容，每章前面用尽量简短的篇幅介绍基本概念与原理，后面还附有一些练习题。下篇主要介绍统计在探索性语言研究中的应用，尤其在第十四章介绍了一些比较复杂的方法，这些已经成为量化语言研究的重要手段。当然由于可能的应用方式是无限的，本章只介绍其中几种。第十五章讲解认知语言学界已经用得非常多的搭配构式分析（collostructional analysis）方法。虽然该章的主体内容并不是 R，但这种分析的计算部分主要是用 R 实现的，能体现出 R 的优势；另外编者认为这种方法有很大的发展潜力，为帮助读者更好地了解搭配构式分析，专门用一章的篇幅做基本介绍。最后一章是本书的结语，指出了外语界统计分析应用中很少被注意到的几个问题，意在促使读者在使用统计方法的同时保持清醒，关注方法本身的合理性。书后有若干个附录，但不提供各类教程中常见的统计表，这是因为统计类软件的计算结果中都已经给出了相应的统计量和 p 值，查统计表其实是早期手工计算的需要。不过如果读者确实需要查各种关键值，本书的附录二也介绍了怎样用 R 命令来查表。另外由于 R 的最大优势之一是允许用户自己编写脚本，我们鼓励读者学习一些基本的 R 编程方法，附录二和附录三中有一些简单演示。其他几个附录介绍与语言研究有关的一些包和脚本，意在提示 R 的强大性和实用性。

　　欢迎本书的读者向编者（arthur0421@163.com）发邮件索要本书提到的数据表、脚本等电子文档，包括习题所用的数据以及除公式外所有图的制图脚本。

编者认为，硕士研究生阶段学习的最重要的内容是科研方法，而不在于记住多少理论和术语。虽然在阅读文献过程中也可以学到一些方法，但对初学者来说，文献中的研究方法和思维方法一般过于复杂，要真正领悟很不容易，必须有显式的研究方法指导。任何领域的研究方法都是多元的，只读一两本教程远远不够，必须将方法论与大量的研究实践相结合，在不断的探索中学习研究方法，持续不断地加深认识。研究方法从来不是自足的，再好的研究方法也必须是建立在正确的逻辑思维基础上才有意义。学习研究方法的目的不是给自己添加一两件装备，而是通过学习来培养正确的科学思维习惯。方法主要是工具，不能代替研究者的头脑。在这个意义上，任何一种方法论教程的作用都是有限的。

编者从 1998 年开始学统计，在广东外语外贸大学学习期间先后问学于吴旭东教授和桂诗春教授，并从各种统计教程中受益良多。学习 R 则主要是从 2016 年在英国兰卡斯特大学访学时开始的，当时参加了 Andrew Wilson 教授的 R 软件操作研习班；R 的特性与我的专业背景和爱好有很多共同之处，使我产生了浓厚兴趣。2017 年暑假，在该校学习期间我得到了 Vaclav Brezina 博士的指导。回国后我很快尝试将 R 用在研究生教学中。本书的初稿是在教学讲稿的基础上不断扩充修改而成的。在本书编写期间，桂林理工大学博文学院的张少林教授和广西民族大学李学宁教授给了我热情的鼓励并提出了很多意见和建议，研究生们也给了我各种积极反馈；外语教学与研究出版社高英分社的段长城、金绍康以及校外审稿人都提出了许多具体而富有建设性的意见，在此一并致谢。由于个人水平有限，书中的错误在所难免，文责自负，恳请读者批评指正。

王家钺

2019 年 4 月于南宁

上　篇

第一章 关于 R 的基本知识

1.1 R 是什么

我国外语界大部分的统计教程都是基于 SPSS 的，本书则介绍另一种选择：R。R 是一种统计计算与制图系统，SPSS 能做的它都能做；同时它还有方便而强大的制图功能和用作基于命令行的高级计算器。但它能做的远不止于此，更像是一把统计与计算领域的高级瑞士军刀。

R 是 20 世纪 90 年代初问世的开源（open-source）软件，对非商业使用完全免费，因此在学术界和教育界备受青睐。R 是一个开放平台，用户可以自由修改、补充已有功能或者添加新功能，而且可以像为智能手机开发 APP 一样为 R 制作各种包（package），所有用户都可以自由下载和使用这些包。这种社区式的架构吸引了心理学、医学、生命科学、计算语言学、自然语言处理、人工智能等众多领域的专业人士为 R 开发了数不胜数的包，而且时常发布更新，R 的功能因此不断得到拓展。自诞生以来，经无数用户和计算机高手的贡献，R 在很多领域迅速普及，成为国际上最流行的统计计算与制图工具之一。

1.2 R 与 SPSS 的主要区别

R 和 SPSS 在统计计算功能方面不相上下，主要区别在于其他方面：

表 1.1　R 与 SPSS 的主要区别

	R	SPSS
费用	对个人完全免费	昂贵
操作界面	命令行	图形界面
语言	英文	多语种

（待续）

（续表）

	R	SPSS
开放性	开源	封闭
自编程	允许，是主要手段	允许，是辅助手段
扩展性	无限扩展	无法扩展

R与SPSS最直观的区别在于界面。SPSS采用窗口式图形界面和鼠标操作，各种统计方法被分门别类地组织到菜单中，层次非常清晰，界面设计得很精致。但据编者了解，很多研究生用SPSS学了统计之后，记忆中往往只留下窗口、菜单、选项、按钮等，却常常忘记操作背后的原理。教师讲解起来也相当费力，由于操作总是离不开窗口，所有SPSS教材都包含大量截图，一旦离开书本就只能面对面、手把手地教；如果师生所用的SPSS版本不同，个别操作有所改变，就更麻烦。各种SPSS教程的作者都对截图和在图上做各类标注之烦琐深有体会。虽然图形、窗口和鼠标操作确实能降低学习门槛，但对深入学习来说反而构成干扰。而R则是通过命令行来工作，采用函数加参数的形式，统计运算的诸多细节（相当于SPSS中的各种"选项"）是以参数的形式写到命令中的，用户的全部注意力都放在统计任务本身，而不需要考虑打开哪个窗口、在哪里打钩；这意味着教师讲解会变得更简单，只要列出几行命令就可以了，不需要截图，更不用手把手、面对面地讲，显然可以极大地简化教学、提高效率。更重要的是，命令行操作方式能促使用户更多地注意统计原理而不是操作方法。根据编者的教学实践，学生一开始就从R入手学统计，后续的学习并不困难。

当然，用惯了Windows图形界面的人一开始会对R的使用觉得不适应。为了改善这种体验，多数R用户会使用一些类似图形界面的辅助性环境。这类环境有好几种，本书推荐用RStudio，它将用R工作时所涉及的各类内容同时显示在主界面上，使人一目了然。这种环境在所有R环境中用得最为普遍。虽然RStudio只是R的一个外壳，但它能极大地提高使用R的工作效率。本书就结合RStudio介绍R的用法。R和RStudio都是英文的界面，用户需要掌握统计的基本英文术语，并记忆一些函数的名称和用法。在这一点上R对用户的要求高于 SPSS，不过这会促使用户更深入地理解统计，其实是有好处的。R 中有非常详尽的帮助文档，用户随时可以查阅任何命令的使用方法；网上也有大量资料可供参考，包括各种专门网站、教程、讨论组等。

与商业软件相比，R 有无与伦比的扩展性，这是因为 R 有大量实用的包可用，好比无数种工具的集合；多数包能将复杂的工作简单化。很多领域都能找到多种可用的包。仅以应用语言学为例，就有 corpus 和 koRpus 用于文本处理、词性标注、可读性分析、词汇多样性计算等；NLP 包提供了一些自然语言处理的基本工具；lsa 包用于潜在语义分析（latent semantic analysis）；tm 包用于文本挖掘（text mining），提供语料处理、元信息（metadata）标注、文本预处理、tf 计算、idf 计算等；stylo 包可使用 Burrows' Delta 及类似算法做文本聚类，而且有图形界面；translateR 提供了调用 Google 和 Microsoft 的自动翻译 API 的方法（需要用户拥有相应 API 的账号）；seewave 用于语音分析与合成，可以轻松制作 2D、3D 甚至动画音频频谱图等；Rcrawler 是一种网络爬虫工具，用于从网站上自动采集语料。另外还有一些专用的脚本工具，如搭配构式分析方法创始人之一 Stefan Th. Gries 教授编写的 coll.analysis.r，专用于搭配构式分析计算。显然，如此丰富的扩展功能在 SPSS 中是不具备的。

R 的巨大优势之一是数据可视化（制图）能力非常强大。很多学术性文章或著作都需要方便的制图工具，手绘的效果显然不够理想；而 R 往往只用一条命令就可以基于数据制出高质量的图，非常专业。而且其制图命令都有大量选项（参数），用于微调制图的细节。本书第五章对此会有集中描述。

在 R 中可以将多个命令按某种方式组合成为程序脚本（script），快速实现复杂的任务处理，而且脚本常可以在相似的任务中重复使用，所以能节省大量的时间精力。由于统计计算与数据是分开的，只要编写好一个脚本，点一下鼠标或者写一句命令，在适当位置加载数据表，即可一次性完成整个统计任务，而不需要每次都按固定顺序打开某些窗口，点击选取某些选项；如果数据表本身有所变化，使用脚本的优点就更为明显，只要对脚本做少量修改即可。当然，这需要研究者花时间学一些编程方法，但这是非常值得的。由于 R 编程超出了本教程的范围，本书不做介绍。其实 SPSS 也允许用户编写命令，但使用命令完成任务的用户似乎不多，可能是因为多数用户养成了对图形界面的依赖。

很多人学 SPSS 时花大量时间去"寻找"合适的版本。由于安装包非常庞大，无论下载还是安装都非常费力。而 R 和 RStudio 则对个人用户完全免费，安装包加在一起远远小于 SPSS，并且少了很多麻烦。

对普通 Windows 用户来说，R 的主要"缺点"包括：

- 操作基于命令行，一开始不习惯；
- 计算结果的输出形式是文字而不是 SPSS 那样的表格，而且全都是英文；
- 包大多是用户编写的，质量有高有低，需要甄别。

目前推广 R 的主要障碍似乎在于命令行界面，但这并非真正的困难，反而是一种优势，因为其减轻了关于窗口、选项、顺序等的记忆负担；计算结果的形式差异也只是表面的；包的质量差异同样不构成问题，因为实现同样目的的命令和方法非常多样，可以选择最优方案，建议采用多数人使用的包即可。不习惯命令行的用户可能担心自己会忘记操作方法，但其实与任何统计软件一样，R 也需要经常使用，随着实践的增多，这些"困难"都不在话下。当然 R 确实有一个缺点，即处理海量数据的效率不如商业软件，但这对外语界的科研内容来说可以忽略。

总体上看，SPSS 是把统计方法做成了现成的工具，而 R 更像是一大堆零部件组成的统计软件。前者像是做工精细的传统玩具，后者更像是形状各异的乐高积木。编者认为后者更有助于激发想象力和创造力。

1.3 R 的学习资源

R 的相关学习资料极其丰富，国内外出版的关于 R 的文献已经有很多，读者可参考本书的相关文献推荐部分。

还有很多专门的 R 教程网站，以及邮件列表（mailing list）等学习资源：

- 网上书籍 *Summary and Analysis of Extension Program Evaluation in R*，网址是 http://rcompanion.org；
- 专题网站 R Tutorial，网址是 http://www.r-tutor.com；
- 邮件列表 R-help，是 R 项目组提供的，非常活跃，每天都有很多人提出疑问，许多专家做出解答。可向 r-help@r-project.org 发邮件申请加入，具体见 https://stat.ethz.ch/mailman/listinfo/r-help 中的说明。

R 本身就包含大量帮助文档，任何时候要想查看某个命令的用法，可利用 Console（关于 Console 和各种命令的用法，见后面的章节）在想查阅的命令前加问号，如"?hist"，回车即可在 Help 一栏看到帮助信息。

1.4　R 的引注

R 和各种包都凝结了贡献者的智慧和时间精力。如果在研究中用了 R，应将相关知识资源列入参考文献，也就是注明出处，这是 R 项目组对用户的明确要求。另外一些包的作者也要求使用者注明出处。要想知道怎样引注 R，可在 Console 中输入 `citation()` 并回车。

1.5　本书的形式约定

本书与所有 R 教程一样，包含大量代码（code）。计算机代码与普通文字不同，必须遵循一些形式约定。考虑到外语界多数读者对计算机代码比较陌生，这里对 R 代码的一般约定做集中说明：

- 代码中的符号都必须是半角，除非是引号内的字符；
- 除引号内的文字之外，空格可有可无，数量也可多可少，其设置与安排主要考虑代码内容布局的美观性和易读性；
- 括号（包括方括号、圆括号、花括号等）和引号必须成对出现；
- 引号只能是直引号（' 或 "），多数情况下单引号和双引号可以互换；
- 引号可以嵌套，但相邻层次的引号必须有区别。如果引号内的文字中也包含本层次的引号，则要在其前面加反斜线（\"）；
- 凡"#"号后面直到行尾的文字只是用于提示信息（注释），不会被作为命令执行；
- 同一行中可以有多个命令，但要用分号隔开。

本书为了区分代码和普通文字，用虚线方框表示 R 中输入的命令[1]及其输出结果，其中：

- 行首的"＞"号是命令提示符，输入命令后回车即可执行；如果一行命令还没有结束，后续各行的提示符会变为加号（+），直到命令完全结束；
- 行首没有提示符的文字均是 R 的命令的执行结果或 R 的提示信息。

RStudio 只是 R 的外壳，所以多数情况下操作方式其实与用哪种界面无关；个别涉及 RStudio 的具体操作会伴有文字说明。

1　为便于读者辨认和学习，虚线方框内和正文中出现的命令均采用等宽字体和半角符号的形式。

第二章　R 和 RStudio 的安装与设置

2.1　安装、运行和界面

R 和 RStudio 都可以从网上免费下载安装，都提供 Windows、Mac、Linux 多种操作系统的版本，以下假设读者用的是 Windows 系统。R 和 RStudio 是两个不同的软件，要分两步安装。

第一步，访问 https://cran.rstudio.com/bin/windows/base/，找到页面最上方的链接，类似 Download R 3.6.1 for Windows，点击下载，按常规方式安装。如果被询问想要安装哪种版本（32 位还是 64 位等），建议根据自己的操作系统的实际情况，仅安装一种版本，去掉另一版本前面的钩。第二步再安装 RStudio，因为它离开 R 是没有意义的。访问 https://www.rstudio.com/products/rstudio/download/#download，找到所需要的安装程序最新版本的链接，点击下载；安装时可以全部选择默认。

全部安装完毕后，找到 RStudio 的安装目录，双击主程序图标即可打开 RStudio，不需要单独运行 R，因为运行 RStudio 的同时也就打开了 R（Windows 版的 R 也自带一个简单的窗口界面，称为 RGui，不过 RStudio 的功能更加丰富）。如果在 RStudio 的主界面上一时看不到什么内容，可能是因为电脑的内存比较小，程序还没有加载完毕，略等一下就可看到 RStudio 的主界面。如果仍不成功，可按上述步骤重新下载安装 R 和 RStudio，直到成功。

RStudio 的主界面设计得非常紧凑。除上方的菜单和工具栏以外，默认分成图 2.1 所示的 A、B、C、D 四个区域（如果是第一次运行则只有 A、B、C 三个）：

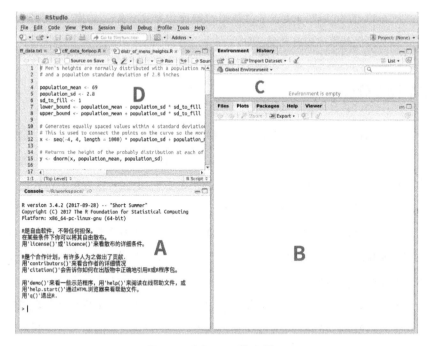

图 2.1　RStudio 的主界面

A 区域：这是最重要的区域，在 Console（控制台）中输入各种命令，回车执行。执行结果输出的文字部分就显示在 Console 框内，如果输出的是图，则显示在 B 区域的 Plots 部分。

B 区域：这部分包含多个标签，其中 Files 用于列出当前工作目录的内容；Plots 用于显示制图结果；Packages 用于列出和管理已经安装的各种包；Help 用于查看帮助文档。

C 区域：Environment 部分在操作过程中动态列出各种自定义变量的名称和值；History 部分记录操作过程（历史）。

D 区域：列出各个已经打开的文档（包括数据文档、脚本等）及其内容，每个文档占一个标签。如果暂时还没有打开任何文档，则此区域暂不显示。

各区域的宽度、高度随时可以通过用鼠标拉动边框进行调整，而且各区域显示哪些内容也可通过菜单 Tools→Global Options→Pane Layout（或 View→Panes→Pane Layout）进行自定义操作。

RStudio 有很多菜单项，不过很多与编程和开发有关，本书对此不介绍，只讲解与 R 的基本使用有关的部分。

2.2 配置软件源

首先解释一下"包"（package）的概念。R 软件分为两个主要部分，第一个是基础安装部分（base），是 R 的核心，是工作时必须使用的，包含少数几个重要的包；第二个部分是由各种包组成的庞大集合。包可以理解为在 R 的核心部分之外附加的插件，可以根据需要安装，所以每位用户安装的包可能都不同。这两部分的关系可以比拟为手机操作系统与各种 APP 的关系。包都是建立在 R 基础部分或其他包的基础上，组合成更方便好用的工具。这种架构使 R 体系更加合理和灵活。

R 的基础部分和包都可以随时通过 R 命令从网上下载安装。由于 R 用户遍布世界，如果都从同一个站点下载，服务器会不堪重负，因此 R 在全世界有很多个镜像（mirror）站点，所有镜像上的内容完全相同；这些站点构成一张巨大的网，称为 CRAN（Comprehensive R Archive Network），对用户来说每个站点都是一个软件源（source），用户可以选择使用任何一个。

用户需要告诉 R 要从哪个镜像站点进行下载操作。要设置默认镜像，需在 RStudio 中点击 Tools→Global Options→Packages，弹出如图 2.2 的窗口。在 Package management→CRAN mirror 部分点击 Change... 按钮选择镜像，推荐使用 Austria 的镜像（R 项目组的官方源），或者就近选择 China (Hefei) 等，然后点击 OK。各种包的开发者大多非常活跃，会时时发布新版本。要想查看已经安装的包是否出了新版，可以点击菜单 Tools→Check for Package Updates...，或在 Console 中执行 update.packages() 命令。

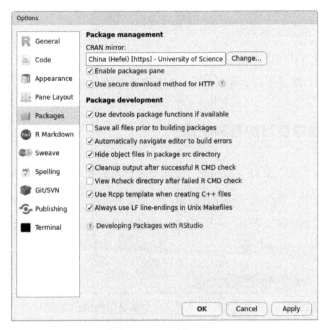

图 2.2 RStudio 设置软件源

要想安装某个包，执行 `install.packages()` 命令，如：

```
> install.packages("car")
```

随后 Console 中会有一些文字显示安装过程，期间不需要用户干预。所有的包都可以在需要的时候再安装，R 会自动判断这些包依赖其他的哪些包，并一起下载安装。

包的使用方法很简单。每个包里都有多个函数（也可以说是命令），这就好比每个工具箱里都有多种工具。调用包中的命令有两种方式，一是先用 `library()` 命令加载包，然后直接使用包中的命令，比如要想使用 car 包中的 `aov()`，输入以下命令：

```
> library(car)
> aov(...)
```

另外也可以先不加载包，而是像下面这样在包的名称中加两个冒号然后接命令，如：

```
> car::aov(...)
```

后一种方式可以避免个别情况下不同包中的相同命令发生冲突，也有助于减少代码的行数。不过为清晰起见，本书均采用第一种方式。

2.3　本书中使用的包和功能

几乎所有的包都有多种功能，某些包的功能特别全面。由于开发者众多，常有多个包中的命令具有同样的功能；读者可以自己上网搜索帮助资料。除R基础安装部分的stats等包（不需要专门加载）以外，本书提到了下面这些包，用到了其中的一部分功能：

表 2.1　本书用的包及其功能

包名称	本书中用到的功能
car	方差分析、Levene 方差齐性检验
DescTools	Scheffe 多重检验；计算效应幅度 η^2
e1071	计算偏度和峰度
EnvStats	卡方方差分析
factoextra	主成分分析中的可视化部分
foreign	导入外部数据
FSA	用于 Dunn 检验
ggplot2	制图
haven	导入外部数据及导出
plotrix	计算样本标准误
powerAnalysis	计算效应幅度 Cohen's d
questionr	计算效应幅度 Cramer's V
rcompanion	非参数检验

（待续）

（续表）

包名称	本书中用到的功能
readxl	导入 Excel 数据表
sciplot	计算样本标准误

另外本书的附录部分介绍了 pwr、koRpus、Rcrawler 三个包，分别用于功效分析、语料处理和网络爬虫。

2.4　设置工作目录

工作目录（working directory）是个很有用的概念。打个比方，如果你请别人把某个东西拿过来却不说东西在哪里，那么显然你认为他知道那个位置。工作目录就是指这个不言自明的位置，即电脑上的某个目录。如果数据文档在这个工作目录里，就可以只通过文档名称把它打开，而不需要把文档的完整路径带上。试比较下面两种方式，第一种只用文档名称，第二种要加上完整路径(R表示路径的方式与 Windows 略有不同，用的是正斜线"/"而不是反斜线"\"）：

```
> read.csv("mydata.csv")
> read.csv("D:/MyDocuments/research/project1/mydata.csv")
```

在 Windows 中 R 的初始工作目录随 Windows 版本不同可能略有区别。要想查看确切位置，执行 getwd() 命令：

```
> getwd()
[1] "C:/Users/LENOVO/Documents"
```

要想改变工作目录到 D:\\MyData，执行 setwd() 命令：

```
> setwd("D:/MyData")
```

另外也可以点击菜单 Session→Set Working Directory→Change Directory，找到相应目录后点 Choose。

不过这种修改只对本次有效，重新打开 RStudio 时，工作目录可能仍是原来的位置，所以可能每次都要设置工作目录。其实使用者也可以自己定义默认的工作目录，这样就不用每次都设置了。可访问菜单 Tools→Global Options→General，在 Default working directory 下点击 Browse... 修改为新位置。

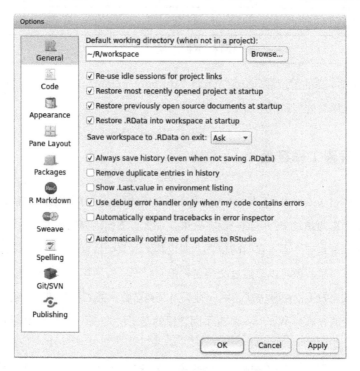

图 2.3　RStudio 设置默认工作目录

　　要想更好地组织多项工作任务，建议将其分成多个项目（project），每个项目都可以单独设置工作目录；然后将属于该项目的数据文档、脚本、计算结果等都放在这个目录中，这样就可以使工作内容更有条理，否则，时间一长，所有文档都放在一起显得杂乱。要想新建一个项目，可点击 File→New Project...，然后按提示一步步完成即可，R 会创建一个以 Rproj 为扩展名的文档。要想打开某个项目，点击 File→Open Project 或 Recent Projects...，找到相应的那个 Rproj 文档，双击即可。

第三章　R 的基本操作

本章介绍 R 的主要使用方法。很多读者可能是初次接触统计或者 R，建议仔细阅读这一章的内容，以便学习后面章节的内容。

数据类型是统计的核心概念之一，要理解统计就必须知道这个概念的意义。数据类型与变量紧密相关；数据被组织成各种数据结构，在 R 中构成数据对象（object）。这些概念比较抽象，但普通用户只需要了解基本概念就可以了。数据类型与统计计算中无处不在的变量类型密切相关，对于理解 R 操作至关重要，所以本章先介绍和解释这些基本概念，接下来介绍 R 的基本操作方法，包括如何建立数据文档以及如何导入与导出数据。

3.1　关于数据类型的基本知识

统计中的一切信息都可以用数字表示。同样的数字不同情况下有完全不同的意义，有时表示数量，有时表示顺序，有时只是一个代号，即属于不同的数据类型。不同的统计任务用到的数据类型也不同。这种区别对于使用统计软件来说非常重要。

例如，学生的考试成绩多用百分制，可以有 78、78.5 这类分数，理论上也可以有 78.563 等。这类数值是测量的结果，代表真正的数量，用非负实数表示，理论上可以为零，即表示"没有"。表示"没有"的零称为真零（true zero）。测量数据和等距数据都可以做算术运算，例如 85 分比 82 分高 3 分，这种运算是有意义的。

词汇量、人数、次数等被称为计数数据（count data），是离散（discrete）的，表示为非负整数。这类数字有真零，不存在小数，说词汇量是 3,500.5 个是没有意义的，也不存在 2.5 个人。这类数显然也可以加减，比如某学生的英语词汇量比另一学生多 1,500。

分组、季节、性别等可以表示为 1、2、3 之类的自然数，其被称为范畴型数值，不表示数量，无关大小和先后顺序，用非负整数表示，也不存在小数。说第 1 组和第 3 组相差 2 是没有意义的。

一个特殊的常用类型是逻辑数值，如对某些问题只有"是"和"否"两种回答，通常表示为 TRUE 和 FALSE，在 R 中可以简写为 T 和 F。这种非此即彼的数值就称为逻辑型，不存在第三个值，在软件中这类值通常是预先定义好的，不需要加引号。

年级、学历等也可以用 1、2、3、4 等整数表示，不存在小数，但这些数字是有顺序的，称为顺序型（即"定序"）数值；另外要注意，数字之间的间隔没有真正的意义，例如初中与高中的间隔、高中与大学本科的间隔不能做量化比较。

还有一种日期型变量，常表示为 yyyy-mm-dd，如 2018-08-25，它是有顺序的但通常不表示数量，可以做加减计算。日期变量在时间序列（time series）分析中用得很普遍。

实际工作中还存在一些复杂情况。比如外语教学领域的数据常包含学生姓名，其通常是文字，但由于统计只关心数字，对统计软件来说文字没有意义，所以可用学号来代替，如 201801003。学号本质上只是一种代号，与大小无关，不过常常是有顺序的，比如某些数位表示年级，某些表示同一年级的入学顺序，所以学号常常可以排序，但未必都是如此。

统计计算中最常用的数据分以下类型：

表 3.1　主要数据类型

类型	子类型	例子	特点
数值数据	连续测量数据	身高、成绩（百分制）、智商	有真零，非负实数，可加减
	离散数据、计数数据	人数、次数	有真零，非负整数，可加减
范畴数据（因子数据）		季节、性别、名称	无真零，非负整数，与大小无关
定序数据（顺序数据）		名次、学历、Likert 量表选项	无真零，非负整数，兼有数字和范畴变量的特点

3.2　变量类型及其转换

数据类型在统计中表现为变量类型。变量（variable）是数学概念，在统计中也是核心概念。R中的绝大多数函数都是对数据对象进行操作，对数据对象的类型有明确要求，所以必须告诉R某些变量的数据类型。例如我们想列出一组学生的性别，在原始数据中每个学生的性别都分别标为1或2，然而用 `class()` 命令可以看到这两个数字默认是数值型：

```
> x <- c(1,2,2,1,2,1,1,1,2,2,2,1)
> class(x)
[1] "numeric"
```

这里就要告诉R将x视为因子变量：

```
> x <- factor(unique(x))
> x
[1] 1 2
Levels: 1 2
> class(x)
> [1] "factor"
```

`unique()` 函数的作用是从向量x中提取不重复的值即1和2，而 `factor()` 函数则将这两个值转化为因子。这样在计算中x才会被正确地视为因子（分类），这种转换是关键步骤。

3.3　变量的命名和赋值

上一节中的x是一个变量名称，给变量命名显然是为了方便。原则上名称是完全任意的，把学生的考试成绩称为score或x都没关系，但变量名称必须遵循一些形式约定。在R中变量名可以由任意字符（包括汉字）组成，不能包含空格或连字符，不能用数字或下划线开头；另外最好不要与常用的R命令或预定义的常数同名以免出现混乱。

表 3.2　R 中的合法变量名和不合法变量名

合法变量名	不合法变量名
Myclass	my-class
myCLASS	_myclass
.myclass	201801002
control.group	3rd.group
Group1	control group
group_1	
姓名	
一班.第四组	

注意 R 中的字母是区分大小写的，无论是字符串、变量名还是函数名称都是如此，如"Mary"和"mary"、"score"和"Score"都是不同的。R 也允许用中文变量名，如"姓名""学号""成绩"等，不过建议尽量用英文名称。

要给变量赋值，通常用 <- 号；建议在其前后加空格，主要是为了清晰：

```
> group <- c("John", "Mary", "Michael")
```

也可以像下面这样反方向赋值，不过这种形式用得很少：

```
> c("John", "Mary", "Michael") -> group
```

字符串必须加引号，不加引号的字符串会被 R 识别为对象名称；如果该名称的对象不存在，R 就会抛出错误信息：

```
> x <- Mike
Error: object "Mike" not found
```

常量的值也可以自己重新定义，但使用完毕后要想恢复其默认值，需要用 rm() 函数清除自定义：

```
> pi
[1] 3.141593
> pi <- 3.14        # 重新定义 pi 的值
> pi
[1] 3.14
> rm(pi)            # 清除自定义的 pi 值
> pi
[1] 3.141593
```

3.4　R 中最常用的数据结构类型

一定数量的数据通常会被组织成各种结构；每个函数都要求用特定类型的数据结构对象（object）作为参数，例如用于画直方图的 hist() 命令要求其数据对象必须是一个数值型向量（vector），用于卡方检验的 chisq.test() 命令要求其数据对象是数值向量或者矩阵（matrix）。这些数据结构类型构成 R 的基本术语。以下描述 R 中最常用的几种数据结构，介绍如何访问（取得）其中某个位置上的值。

3.4.1　向量（vector）

向量（vector）也译为矢量，是由若干个数值、字符串或逻辑值连接在一起构成的有序的一维（one-dimensional）序列；可以将其想象为空间中的一个数轴，轴上可以有任意多个点，这些点被称为该向量的"水平"（level）。

向量有多种定义方式：

```
> x <- 65201
> x <- pi*3^2
> x <- TRUE
> x <- c(19,18,24,17,20)
> x <- c("Jan","Apr","Sep","Oct")
> x <- c("John", 82, "Mary", 79)
> x <- seq(1,20,4)
> x <- 1:100
```

前三行定义的向量 x 都只包含一个数值，这种向量称为标量（scalar），只有数量没有方向。后面各行定义的向量均为包含多个值的向量。定义向量中的数值有多种方式，以下介绍这些定义方式的意义。

c() 是最常用的函数之一，用于将若干个值连接（concatenate）成一维向量，各值间用逗号连接。该函数也可将多个变量连接起来，如：

```
> x <- c(1,2,3,4,5,6)
> y <- c(7,8,9)
> z <- c(x, y)
> z
[1] 1 2 3 4 5 6 7 8 9
```

seq()函数用于定义一个处在某范围内的数字序列，一般要有三个实数参数，第一个是起始数值，第二个是终止数值，第三个是相邻两个数值之间的间隔，也可以称为"步幅"。在 x<-seq(1,20,4) 这个例子中，x 是从 1 到 20 的序列，4 是步幅，所以 x 的值将是 1、5、9、13、17。注意 seq() 函数的第一个参数必须小于第二个。这条命令也可以写成：

```
> x <- seq(from = 1, to = 20, by = 4)
```

seq()如果只有一个参数，会创建一个从 1 到参数值之间的整数序列，顺序视参数而定：

```
> seq(5.678)
[1] 1 2 3 4 5
> seq(-7)
[1]  1  0 -1 -2 -3 -4 -5 -6 -7
```

冒号用于定义一个整数序列，如：

```
> x <- 1:10
> x
[1]  1  2  3  4  5  6  7  8  9 10
> y <- 10:1
> y
[1] 10 9 8 7 6 5 4 3 2 1
```

向量中的元素是通过位置来访问的，如下面访问 x 的第 4 个元素：

```
> x <- 5:10
> x[4]
[1] 8
```

要想访问其中的多个位置，可在方括号里指定位置或范围：

```
> x <- 5:10
> x[c(2,4,6)]
[1]  6  8 10
> x[1,4:5]
[1] 5 8 9
```

数值向量可以运算，如：

```
> x <- c(2,4,6,8,10); y <- 3:7
> z <- x^2 + y + 3
> z
[1]  10  23  44  73 110
```

3.4.2　数据框（data frame）

R 中的数据框（data frame）是一种二维结构，常用于定义一个数据集。下面的例子定义一个名为 mydata 的数据框，内容是一份学生名单：

```
> mydata <- data.frame(
+   name <- c("John","Mary","Bill","Lucy","Mike","Emily"),
+   sex  <- c("M","F","M","F","M","F"),
+   test1 <- c(77,57,76,73,69,79))
```

在这个数据框中，name、sex、test1 都是向量，一个数据框中可以包含任意多个向量。这个数据框相当于表 3.3：

表 3.3　数据框对应的表格

name	sex	test1
John	M	77
Mary	F	57
Bill	M	76
Lucy	F	73
Mike	M	69
Emily	F	79

定义数据框要注意以下规定：

- 数据框中每个向量必须有一个名称；
- 同一个数据框中的向量名称（name、sex、test1）不能重复；
- 第一个向量的值以及每个向量的第一个值不能为空；
- 每个向量的水平数量必须相同。

R 中将缺失值称为 NA。平时用的数据中可能会出现存在缺失值的情况（类似 Excel 表格中的空单元格，某个问卷中未填写的项）；在 R 中也可以用各种方式处理缺失值，详见第 3.7 节。

可以按名称访问数据框中的某个向量（用 $ 号）：

```
> mydata$name
[1] John   Mary   Bill   Lucy   Mike   Emily
Levels: Bill Emily John Lucy Mary Mike
> mydata$test1
[1] 77 57 76 73 69 79
```

可以按位置访问向量中的值：

```
> mydata$name[3]   # name 的第 3 个值
[1] 76
```

也可以按条件访问向量中的值：

```
> mydata$test1[mydata$name=="John"]
[1] 77
> mydata$name[mydata$sex=="F"]
[1] Mary   Lucy   Emily
Levels: Bill Emily John Lucy Mary Mike
```

这里方括号的作用是以过滤条件来表示位置，如第一条表示按照 mydata$name=="John" 这一条件找出 mydata$test1 中的相应值。如果有多个行符合过滤条件，则列出多个值。

注意：如同在大多数编程语言中那样，在 R 中用连续两个等号"=="表示相等，单个的等号"="是赋值符号，切勿混淆。"相等"是一种逻辑关系，通常用于做 TRUE 或 FALSE 判断；"赋值"则是一种行为，如 x=5 表示将 5 这个值赋给 x，从而使其值发生改变。如果在上面例子的过滤条件中用了单等号，命令会给出警告信息。

另外也可以用 with() 函数过滤数据：

```
> with(mydata, name[sex=="F"])
[1] Mary  Lucy  Emily
Levels: Bill Emily John Lucy Mary Mike
```

with() 函数可以对向量、数据框以及下面要介绍的矩阵等多种数据结构进行过滤。第一个参数是数据结构，第二个是过滤条件。上面这一条命令的意思是从 mydata 这个数据框中找出符合 sex=="F" 这一条件的那些行，列出其 name 值。

3.4.3 列表（list）

列表和向量很相似，也是由若干个元素组成的有序结构，也可以通过位置来访问，区别在于向量是一维结构，而列表是二维结构。列表的每个元素都是一个向量。列表的定义和访问方式如下：

```
> x <- list(2,5,1:3,7,10)
> x[4]          # x 的第 4 个元素，是一个向量
[[1]]
[1] 7
> x[[3]]        # x 的第 3 个元素的值
[1] 1 2 3
> x[4:5]        # x 的第 4-5 个元素，各自是一个向量
[[1]]
[1] 7

[[2]]
[1] 10
```

由于列表中的每个元素都是一个向量，所以用位置访问列表时返回的是相应位置上的列表。列表中各向量的元素数量可以是不等的。

一个很有用的特性是，列表中的每个元素都可以有一个名称，这样就可以

通过元素的名称来访问：

```
> x <- list(name="John", sex="M", scores=c(84,90,77))
> x$name
[1] "John"
> x$scores
[1] 84 90 77
```

多个向量可以被合并到一个列表中：

```
> a <- c(11,12,13,14,15)
> b <- c(50,60,70,80,90)
> mylist <- list(a,b)
> mylist
[[1]]
[1] 11 12 13 14 15

[[2]]
[1] 50 60 70 80 90
```

用 unlist() 命令可以将列表转换为一维的向量，就是将各向量的值直接连接起来，使其变得"扁平"：

```
> unlist(mylist)
[1] 11 12 13 14 15 50 60 70 80 90
```

列表是非常重要的数据结构，前面介绍的数据框就建立在列表的基础上。很多复杂函数的计算结果都以列表的形式呈现，这意味着可以用 $ 号直接访问计算结果中特定的部分，见后面各章节中的例子。

3.4.4 矩阵（matrix）

矩阵（matrix）是一个包含若干行、若干列的二维数据结构：

```
> mydata <- matrix(c(10,20,30,40,50,60), nrow = 2)
> mydata
```

```
      [,1] [,2] [,3]
[1,]   10   30   50
[2,]   20   40   60
```

matrix() 的第一个参数是一个向量，向量中的各个数值默认按先纵向再横向的方式排列；nrow 表示行数，也可以用 ncol 来表示列数。在上面的例子中，先将六个数值按纵向排列两行，排满第 1 列后转到第 2 列纵向排列，以此类推。如果需要按先横向再纵向的方式排列数值，要在命令中加 byrow = TRUE 选项（默认 byrow = FALSE）。向量中的数值个数必须能被 nrow 或 ncol 整除，否则 R 会抛出错误信息。

要想访问矩阵中的任一位置，用方括号中的一对有序正整数如 [3,2]，逗号前的是行号，逗号后的是列号。由于矩阵都有行号和列号，要想访问矩阵的某些位置，直接用行号和列号表示：

```
> mydata <- matrix(seq(10,120,10), nrow = 3)
> mydata
      [,1] [,2] [,3] [,4]
[1,]   10   40   70  100
[2,]   20   50   80  110
[3,]   30   60   90  120
> mydata[1,2]              # 第 1 行、第 2 列
[1] 40
> mydata[1,]              # 第 1 行
[1] 10 40 70 100
> mydata[,2]              # 第 2 列
[1] 40 50 60
> mydata[2:3,]            # 第 2-3 行
      [,1] [,2] [,3] [,4]
[1,]   20   50   80  110
[2,]   30   60   90  120
> mydata[,c(2,4)]         # 第 2 列和第 4 列
      [,1] [,2]
[1,]   40  100
[2,]   50  110
[3,]   60  120
```

如果矩阵中的元素包括多种类型，构成矩阵后所有值包括数字都会被视为文本，如：

```
> newtrix <- matrix(c("Mary","Bill",78,81), nrow = 2)
> newtrix
     [,1]   [,2]
[1,] "Mary" "78"
[2,] "Bill" "81"
```

实际上矩阵绝大多数情况下都用于数字。

矩阵也是可以运算的，如：

```
> x <- matrix(seq(10,120,10), nrow = 3)
> x
     [,1] [,2] [,3] [,4]
[1,]   10   40   70  100
[2,]   20   50   80  110
[3,]   30   60   90  120
> y <- matrix(seq(100,1200,100), nrow = 3)
> y
     [,1] [,2] [,3] [,4]
[1,]  100  400  700 1000
[2,]  200  500  800 1100
[3,]  300  600  900 1200
> x + y
     [,1] [,2] [,3] [,4]
[1,]  110  440  770 1100
[2,]  220  550  880 1210
[3,]  330  660  990 1320
> x[,2] + y[,2]
[1] 440 550 660
```

矩阵的行和列有时需要互换一下，这称为转置（transpose），不过并不是常用操作。对于比较复杂的矩阵，人工进行行列转置往往相当麻烦，但 R 中有一个方便的命令 t() 可供使用：

```
> mydata <- matrix(1:12, nrow=4, byrow=T)
> mydata
     [,1] [,2] [,3]
[1,]    1    2    3
[2,]    4    5    6
[3,]    7    8    9
[4,]   10   11   12
> mydata.t <- t(mydata)
> mydata.t
     [,1] [,2] [,3] [,4]
[1,]    1    4    7   10
[2,]    2    5    8   11
[3,]    3    6    9   12
```

　　矩阵的转置很容易，这主要是因为绝大多数矩阵都只包含数字。如果想对数据框进行行列转置就没那么简单了。在后面各章节的统计操作中，很多数据集是从 CSV 文档里导入到某个数据框的（见第 3.5 和 3.6 节）。前面说过数据框对行、列的安排有严格的要求。如果由于某些原因 CSV 文档的行和列颠倒了，t() 命令理论上也可以对数据框进行行列转置，但转置后所有的值都会被视为文本型，这显然不符合用户的需求，所以，如果数据需要从 CSV 数据文档中导入，建议首先按正确的方式将数据录入文档，以首行为标题行，即变量名称，如 name、sex、age；其他行是观察值，如 John、male、21，总之尽量避免转置操作。

3.5　R 中的数据文档

　　如果数据量不大，可以直接在命令行中录入。但我们平时使用的数据大多是存放在文档里的，而且数据量一般较大，这就需要在 R 命令中导入数据文档。R 中有很多命令用于从文档中读取数据。

　　很多软件都有自己专属的文档格式和独特的扩展名，如 SPSS 的数据文档以 .sav 等为扩展名，SAS 的数据文档以 .sas 等为扩展名，Excel 数据文档以 .xls 或 .xlsx 为扩展名。专有格式的文档都只能在特定的软件中直接使用、查看和操作，但不利于在不同软件间进行数据交换。而 R 可以轻松导入 SPSS、SAS

等多种软件的数据文档。R 最欢迎的数据文档是 CSV 格式。

CSV（Comma-Separated Values）是一种通用的数据文档格式，采用这种格式的文档通常以 .csv 为扩展名，这个格式与使用哪种软件无关。要建立 CSV 数据表，可以先在 Excel 中输入数据，如：

表 3.4 在 Excel 中录入数据

name	age	sex	test1	test2
Joe	19	male	70	74
Lucy	21	female	65	71
Mike	20	male	69	73
Jenny	20	female	73	74
John	20	male	80	80

随后要另存为 CSV 格式，以逗号为各值之间的分隔符；如果某些值本身包含空格（如姓名），则保存时要选择用引号将值括起来，即以引号为值的"界限符"；不过一般建议把数据表中的所有空格都去掉，或者将其改成其他符号如下划线或点，否则可能在 R 中造成不便。注意表中的行和列不要颠倒，每列表示的是一种特征或分类，每行表示的是具体的观察值，这一点非常重要。另外在创建数据表时，建议标题行即各列的名称全部用小写，这主要是为了导入 R 后方便记忆，因为 R 区分大小写，而且由于操作都是基于命令行，全部小写有利于减轻记忆负担。

其实 CSV 文档就是一种纯文本文档，可以用任何文本编辑器如记事本、Notepad++ 等来编写，上面的表就可以写成这样：

表 3.5 CSV 文档内容示例

```
name,age,sex,test1,test2
Joe,19,male,70,74
Lucy,21,female,65,71
Mike,20,male,69,73
Jenny,20,female,73,74
John,20,male,80,80
```

注意每行末尾都必须以回车符结束；编辑完毕以 .csv 为扩展名保存。所有值前后的空格都会被忽略。

显然 CSV 文档并不记录各列数据的类型（数值、范畴、文本）或小数位数等元信息，而这些在 SPSS 定义数据表时就要先定义好。

3.6　数据文档的导入

3.6.1　导入 CSV 数据

CSV 是 R 中用得最多的数据文档格式；导入这种数据主要是用 read.csv() 命令。命令内部有一些选项，怎么写可分两类情况，主要看是否准确知道文档的位置和名称。

如果记不清文档的准确名称和位置，可通过文件选择对话框找到并导入数据表：

```
> mydata <- read.csv(file.choose(), header = T)
```

file.choose() 函数的作用是打开一个文件选择对话框（仅限在窗口环境中）。找到数据文档后点 OK，即可读出其中的数据，存到 mydata 这个数据对象中。header = T 是默认选项，表示数据表的首行是标题（T 是 R 中预定义的逻辑常量，也可写成 TRUE）；但如果数据表没有标题行，则必须写明 header = F。以下除特别标明外，均假设数据文档的首行是标题行。

如果准确记得文档的路径和名称，可通过文档名称打开数据表。假设数据文档 students.csv 在工作目录中，可以只通过文档名称（当然也可以加上路径）打开：

```
> mydata <- read.csv("students.csv", header = T)
```

如果不在工作目录中就必须加上路径，如：

```
> mydata <- read.csv("D:/Mydocuments/students.csv", header = T)
```

有些文档的数字表示方式与我国常用的表示方式不同，以逗号为小数点，以分号为数值分隔符，这种格式在欧洲用得很多，例如：

表 3.6　特殊格式的 CSV 文档内容

```
var1;var2;var3
TI;1995;4,53
VD;1990;4,89
FR;1994;3,90
VS;1993;5,12
FR;1995;4,75
FR;1992;5,88
```

读取这种文档要用 `read.csv2()` 命令:

```
> read.csv2("dat.csv", header = T, sep = ";", dec = ",")
```

其中参数 sep = ";" 和 dec = "," 是默认选项 (dec 即 decimal point)。当然,如果实际的数据表格式与此仍有一些区别,需要在 `read.csv2` 命令中对参数值做一些相应的调整,在此不详述。

如果数据表不在本地电脑而是在网上的某个位置,并且数据文档有一个 URL,可以直接用该 URL 导入,如:

```
> mydata <- read.csv("http://somewhere.org/somedir/datafile.csv",
+    header = T)
```

一个更通用的方法是用 `read.table()` 命令:

```
> mydata <- read.table("datafile.txt",
+    header = FALSE,      # 默认没有标题行, 如果有就设为 TRUE
+    sep = "")            # 默认数据分界符是空白 (空格、制表符等)
```

`read.table()` 和 `read.csv()` 这两个命令的很多参数是相同的,header 和 sep 只是其中最常用的两个,详见帮助文档。

本书后面的各章节均假设数据中所有位置上都有数值(包括字符、数字、逻辑值等)。如果某些位置上的值缺失,这些位置通常被 R 标为 NA,即 not available。缺失值的情况在大型数据中并不少见,但为简单起见,本书不讨论这类情况。

3.6.2　导入 SPSS 数据

如果在研究中拿到的数据文档是用 SPSS 保存的（一般以 .sav 为扩展名），在 R 中也可以很方便地导入。首先安装 foreign 包（如果已安装则忽略这一步）：

```
> install.packages("foreign")
```

然后即可用 **read.spss()** 函数读入文档，同时用 to.data.frame = T 选项将其转为 R 中的数据框，如：

```
> library(foreign)
> mydata <- read.spss("mydata.sav", to.data.frame = T)
```

也可以用 haven 包中的 **read_sav()** 或 **read_spss()** 命令导入：

```
> install.packages("haven")
> library(haven)
> mydata <- read_sav("mydata.sav")
> mydata <- read_spss("mydata.sav")
```

3.6.3　导入 Excel 数据

很多人的工作数据保存在 Excel 文档中，一般以 .xls 或 .xlsx 为扩展名。建议先把 Excel 文档中的表格导出为 CSV 文档，然后直接再导入 R，这是成功率最高的办法。

当然 R 也提供了直接从 Excel 文档导入数据表的方法，不过首先提醒读者，要尽量避免直接导入 Excel 文档，因为这种文档不是纯粹的数据表，还包含富文本（rich text）格式，常涉及回车换行、合并单元格、行列冻结等，某些表格中还嵌入了其他对象（object），例如图表，直接导入很容易造成混乱。如果一定要导入，首先应当确保数据表是规范的形式，尽量去掉一切多余格式以及嵌入的对象；另外第一行应当是变量名称，并且表中不要有合并的单元格，否则导入后还要做不少烦琐的清理工作。

有多个包可以导入 Excel 数据表，包括 XLConnect、xlsx 和 gdata，不过这些包要求系统中已经安装了 Java、Perl 等其他环境，对普通 Windows 用户来说有些麻烦，这里介绍的 readxl 包没有这些要求。

```
> install.packages("readxl")
```

读取 Excel 文档有三个主要命令，即 read_excel()、read_xls() 和 read_xlsx()。建议尽量用第二个或第三个命令，分别用于打开以 .xls 和 .xlsx 为扩展名的文档。read_excel() 命令可以自动判断是哪一种格式，但占用系统资源较多，在数据量很大的情况下可能导致系统无响应。

Excel 文档中通常包含多个数据表（用界面下方的标签进行区别），所以导入 R 时要加上 sheet 参数以指定导入其中的哪个表，sheet 的值可以是整数（表示第几张表），也可以是表的名称：

```
> library(readxl)
> mydata <- read_xls("data.xls",
+    sheet = 1,                    # 导入第 1 张表
+    col_names = TRUE,             # 第一行是标题行（默认）
+    col_types = NULL,             # 标题行（变量）的类型
+    trim_ws = TRUE)               # 默认去掉首尾多余的空格
```

其中 col_types 参数用于指定各列属于哪种数据类型，典型用法类似 col_types=c("text", "guess", "numeric", "guess")；如果不指定具体类型，则 R 将其全部视为 guess，即自动猜测。为了提高准确率，建议少用 guess 的方法。各列的类型可以是 skip、guess、logical、numeric、date、text 和 list 等；指定为 skip 的列不会被读入。详见 ?read_xls 帮助信息。

3.7　处理缺失值

在定义数据时如果某位置存在缺失值，R 会报错：

```
> v <- c(71,72,83,74,,88,85)
Error in c(71, 72, 83, 74, , 88, 85) : argument 5 is empty
```

由于数据常常是从外部导入的，Excel 电子表格中有缺失值的情况时常发生；导入时 R 会自动将缺失值标为 NA（R 中预定义的特殊常量）。在下面的数

据中（class 3）就包含一个缺失值：

```
> library(readxl)
> mydata <- read_xls("data/threeclasses.xls", sheet = 1,
+    col_names = T)    # 如果不加这个参数后面会报错
> mydata
# A tibble: 21 x 3
   class1 class2 class3

 1    81    77    71
 2    71    73    73
 3    78    70    65
 4    78    75    77
 5    74    75    70
 6    77    76    75
 7    68    78    68
 8    73    71    NA
 9    77    75    72
10    79    82    70
# ... with 11 more rows
```

可以用 na.fail() 命令检验数据对象中是否存在缺失值，如果没有，该命令返回对象本身；如果有，会给出一个错误信息：

```
> na.fail(mydata)
Error in na.fail.default(mydata) : missing values in object
```

用 na.omit() 命令可以将数据对象中的缺失值忽略：

```
> na.omit(mydata)
# A tibble: 20 x 3
   Class 1 Class 2 Class 3

 1    81    77    71
 2    71    73    73
 3    78    70    65
 4    78    75    77
 5    74    75    70
```

6	77	76	75
7	68	78	68
8	77	75	72
9	79	82	70
10	71	80	66
11	73	73	75
12	77	79	76
13	77	75	77
14	76	78	71
15	78	81	72
16	78	75	69
17	72	78	71
18	70	80	77
19	75	76	66
20	79	76	74

注意，原数据表中 class1 和 class2 两列各有 21 个值，但由于 class3 有一个缺失值，na.omit(mydata) 将前两列中与第三列中的 NA 所对应的值去掉，结果构成了一个三列都有 20 个值的数据对象。tibble 是一种与 data frame 很相似的结构，有一些后者不具备的特性，这里不详述，建议查看 ?tibble 中的说明。

在计算的时候通常要忽略缺失值，也可以用 na.omit() 命令，如：

```
> mean(mydata$class3)
[1] NA                              # 计算无效
> mean(na.omit(mydata$class3))
[1] 71.75                           # 去掉缺失值后计算的结果
```

为了简洁，以下均假设数据表中没有缺失值。

3.8 数据的保存

如果用数据框或矩阵等定义了一组数据，或者将原有数据做了某些转换，可以将这些数据保存为电脑上的文档。本节介绍怎样将数据保存为 CSV 文档、R 专属数据文档以及 SPSS 文档。

保存为 CSV 数据文档（推荐）：

```
> write.csv(mydata, "datafile.csv")
```

这样保存时 R 会在每行的起始位置自动加上序号。如果不想加序号，则在上述命令中加一个选项 row.names = FALSE：

```
> write.csv(mydata, "datafile.csv", row.names = FALSE)
```

R 专属的数据文档以 .rdata 为扩展名，这种格式只能在 R 中使用。要保存为这种格式，用 save() 命令：

```
> save(mydata, file = "datafile.rdata")
```

一般不建议导出到 SPSS 的 .sav 等外部格式，因为 CSV 格式显然更通用、更方便。如果确实需要导出到 .sav 文档，可用 haven 包中的 write_sav() 命令：

```
> library(haven)
> write_sav(mydata, "D:/path/to/datafile.sav")
```

有的 SPSS 数据文档以 .zsav 为扩展名，这种格式是经过压缩的，主要用于数据量特别大的情况。要保存为这种格式需要加一个选项 compress，如：

```
> write_sav(mydata, "D:/path/to/datafile.zsav", compress = T)
```

3.9　其他内容的保存

RStudio 包含一个文本编辑器，可以用于创建或编辑文本文档、CSV 数据文档、命令脚本等，通常位于主界面的左上区域。编辑之后以常规方式保存，只要注意使用适当的扩展名就可以了，数据表可存为 CSV 文档，脚本文档用 .R 为扩展名。默认的保存位置是当前的工作目录。保存之后 R 会根据扩展名判断文档的类型，并在文档标签处显示相应的工具栏。

第四章　用 R 做随机抽样
和生成随机数据

外语研究中常要抽取随机样本，比如在数十或上百人当中抽取一个随机样本。抽样很多情况下是人工完成的。人工抽样有时容易受到其他因素的干扰，其样本的随机性会受到影响；而用自动化手段进行的抽样显然比人工抽样更具客观性。由于 R 中内置了一些用于抽样的函数命令，甚至有一些专用于抽样的包，所以抽样可以说是 R 的一个特色功能。本章主要以学校和教学环境为例，介绍几种主要的随机抽样方法以及在 R 中如何实现。

4.1　简单随机抽样

简单随机抽样（simple random sampling）是最基本的抽样方法，样本中的每个个体被抽中的概率是相等的。例如从 300 名学生中抽取一个简单随机样本，保证每个个体被抽中的概率都是 1/300，而且任意个体最多只能被抽中一次（这称为"不重置抽样"，sampling without replacement）。可以将学生名单列成数据表，给每个学生一个唯一的编号，从 1 到 300。随机抽样其实是在编号上进行操作。

首先读入名单：

```
> students <- read.csv("studentlist.csv", header = T)
```

读入后 R 会自动给每行一个行号，可以直接用于抽样。

R 中的抽样命令是 `sample()`，有两个重要参数，第一个参数是一个向量，即抽样的序号范围；第二个参数是想要取得的样本大小。以下命令的作用是确定样本将由原名单的所有行组成，抽样大小用 sample.size 表示，replace = F 表示要符合不重置抽样原则：

```
> sample.size <- 30
```

```
> ind <- sample(1:length(students$id), sample.size, replace = F)
```

下面从原数据表中抽出这些行，就是要得到的抽样了：

```
> mysample <- students[ind, ]
```

随后就可以查看 mysample 中究竟抽取了哪些学生。

4.2　系统随机抽样

系统随机抽样（systematic random sampling）也称为定距抽样或等距抽样，简单地说就是每隔固定距离（称为步幅，skip）抽取一次。这种抽样方式并不能保证完全的随机性，但优点是简单方便，可操作性很强。例如我们想用等距方法从所有学生中抽取 30 人做样本，可先读入名单，这里假设名单有多列，其中姓名一列的名称是 name：

```
> students <- read.csv("studentlist.csv", header = T)
```

下面确定步幅（用总人数除以样本容量）：

```
> n <- 30
> k <- as.integer(length(students$name) / n)
```

as.integer() 函数的作用是取整，因为步幅必须是正整数。

下面要确定样本的行号（ind 为一个向量），即抽样将由原名单中的哪些行组成：

```
> ind <- seq(k, length(students$name), k)
```

这样从编号的第 k 个元素开始，然后每 k 个抽取出来，直到全部结束；将这一串数字保存到 ind 这个向量。

最后抽样，就是从原名单中抽出这些行：

```
> mysample <- students$name[ind]
```

这样就根据行号列表从原名单中提取了样本(学生名单)；列号不需要指定。

需要注意，由于在计算步幅的时候用了取整的算法，最后得到的样本容量有可能不完全等于 30。这种抽样方法主要用于数据量非常大，对抽样的实际容量不是很敏感的情况。

4.3 分层随机抽样

如果我们对总体的特征知之甚少，不知道存在哪些类别，每个个体对我们来说都没有什么区别，那么只能用简单随机抽样或者系统随机抽样的方法。但是，如果已经了解总体有哪些类别，比如，我们知道学生可按性别和年级来分类，想从全校学生中各个年级、各个性别都抽取一些，从而保证每个子分类都抽到一些样本，并且数量保持平衡，就要用分层随机抽样（stratified random sampling）。思路是先将总体分成若干个层次，对每个层次都做随机抽样，然后将这几个抽样合在一起，就得到想到的样本了。所以说分层随机抽样是分层和随机抽样的结合。

必须注意，在每种分类标准中，各个层次必须是互斥的和穷尽性的，并且每个个体在任一分类中只能属于一个层次。例如将大学生按所在年级进行分层，由于每个学生都只能属于一个年级（按入学时间计算），不会出现什么问题；但是要想按专业对大学生进行分层，就可能会遇到问题，因为可能有些学生是双专业甚至多专业，同时属于多个分层。

分层随机抽样是个略微复杂的过程，许多人提出了多种解决方案，甚至有好几个包可用。这里介绍一种无须特别加载包的方案。

学生名单一般有多种分类方式，假如现在要按性别（有两个水平）和年龄（假设有五个水平）两种分类进行交叉分层。首先这两个分类符合上述要求。将这两个分类方式交叉，共有 $2 \times 5 = 10$ 个分层；每个分层抽取 5 人，这样总共应该抽出 $5 \times 10 = 50$ 人。

首先读入数据，这里假设名单中有 name、sex 和 age 这三列：

```
> dat <- read.csv("student_info.csv", header = T)
```

计算总行数 n，也就是学生总人数：

```
> n <- length(dat$name)
```

先给数据框加一列 grp，用于存储临时的分层标记：

```
> dat$grp <- interaction(dat[, c("age", "sex")])
```

interaction() 函数的作用是将数据框中的 sex 和 age 两个特征进行交叉，这样共分 $2 \times 5 = 10$ 层。

下面计算样本将由哪些行组成：

```
> ind <- tapply(1:n, dat$grp, sample, 5)
```

其中 1:n 为总体的全部行号的范围，dat$grp 为分层方式，二者的数量是一致的；sample 是抽样函数，5 是样本大小，而 tapply() 则将这一抽样方式应用（apply）到每个分层。由于总层数共 10 层，而本条命令指定每个分层要抽取 5 人，因此最终样本将是 50 人。tapply() 命令返回的结果是一个列表，列表的每个元素都是一个向量，在本例中这些向量是由多个编号组成的。

以下命令先将列表"压扁"（unlist）成一个向量，组成一个由编号构成的向量，然后按这些编号从 dat 中提取样本：

```
> mysample <- dat[unlist(ind, use.names = FALSE), ]
```

当然，以上方法应当用于总体数量比较大的情况，至少每个分层都应大于5。

另外，如果只有一个分层标准（如班级），现在要从三个班中各抽取 5 人，然后组合为一个 15 人的样本，可以对每个班用简单随机抽样的方法抽取 5 人，然后再组合起来即可，这里不详述。

4.4 抽样应用实例：从 AntConc 检索结果中抽样

这里举一个语料库研究的例子。在对大型语料库进行检索时，如果返回的检索行特别多，有些研究者希望做抽样，以进一步减小分析的工作量。这并不合乎语料库研究的原则（见第 16.3 节），不过本节只是例示抽样方法。假设所用的语料库软件是 AntConc，得到检索结果后导出（Export）到了一个文本文档（默认是以 .txt 为扩展名，不过不影响导入操作；另外 AntConc 导出的数据各列是用制表符分隔的），然后在 R 中用 read.csv() 命令导入：

```
> conc <- read.csv("antconc_result.txt", header = F, sep = "\t",
+   quote = '')
```

这里设 header = F 是因为 AntConc 导出的检索结果都没有标题行；sep = "\t" 标明各列之间用制表符分隔；quote = " " 表示各个值都没有界限符（该选项在导入语料时很重要）。虽然各列没有名称，但导入时 R 会自动给各列取名，例如分为六列则分别称之为 V1、V2、V3、V4、V5 和 V6。

接下来就可以按以上的抽样方法操作了，比如希望用等距抽样方法抽取 2500 行然后导出抽样结果：

```
> n <- 2500
> k <- as.integer(length(conc$V1)/n)
> ind <- seq(k, length(conc$V1), k)
> mysample <- conc$V1[ind]
> write.csv(mysample, "sampledlines.txt")
```

如果希望抽样容量是总体的某个比例比如 1/20，直接将 k 设为 20 即可。

4.5　在 R 中产生随机数样本

在讲解统计方法时，教师常需要一些随机数据构成样本，但现实的随机数据并不容易获得。好在 R 提供了非常方便的随机数产生器，这是 R 的特色之一。

4.5.1　产生正态分布的随机样本

在讲解正态分布的时候，要想产生 50 个符合正态分布（见第 6.2 节）的随机数，可进行如下命令操作：

```
> rnorm(50)
 [1]  0.23517276 -0.08766466 -0.36395420 -1.02717999
 [5] -0.10329996 -1.50272327 -1.10601693 -0.28683816
 [9] -1.12654236  0.34130628  1.88381691  1.12233753
[13] -2.01030823  0.95543712  0.03347962 -0.76237272
```

```
[17]   0.70248602   0.55505758  -0.66324585   1.25029217
[21]   0.33578953   2.52893824   1.92126427  -0.99633776
[25]  -0.78181052   1.39999850   0.24017768   0.13756607
[29]   1.21529176   0.75899544  -0.92040549  -1.99320580
[33]  -0.54840081   2.16755696  -0.87888545   0.60116322
[37]  -0.11636684  -0.65295605   0.65849140  -0.56975266
[41]   1.67059489   0.90988588  -0.48858180  -0.62143687
[45]  -1.63853266  -0.19374927   1.29402372   1.09335876
[49]   2.15022414   1.14166744
```

当然每次生成的随机数都不同。不过计算机系统生成的随机数其实是伪随机数，可以用 set.seed() 命令使生成的随机样本保持完全一致，如：

```
> set.seed(5)
```

set.seed() 的作用是设置一个"种子"（seed），这个数字可以任意设置，只要在每次生成随机数前设置相同的"种子"，就会生成同样的随机数，这个用法在统计教学、演示交流等实践中非常有用。

要想生成 1000 个随机数，并且要符合均值为 2、标准差为 0.8 的正态分布，需要加两个参数：

```
> rnorm(n = 1000, mean = 2, sd = 0.8)
```

由于各条参数的顺序是固定的，这条命令也可以简写成：

```
> rnorm(100, 2, 0.8)
```

要产生符合其他分布的随机数，也有相应的命令，如：

```
> rf(n = 100, df1 = 3, df2 = 5)    # 产生符合 F 分布的随机数
> rt(n = 100, df = 3)              # 产生符合 t 分布的随机数
> rchisq(n = 100, df = 2)          # 产生符合卡方分布的随机数
```

至于这些参数的意义，建议参阅本书的第八、九、十三章。

默认情况下生成的随机数往往包含多位小数（R 中默认的数字位数共八位）。如果要四舍五入，可以结合 round() 命令，即：

```
> round(rnorm(n = 50, mean = 72.25, sd = 6.04))
```

round()命令默认不保留任何小数，如果需要两位小数可以加参数 digits = 2。

4.5.2　产生非正态分布随机样本

如果不要求生成的数据呈正态分布，可以用前面介绍过的 sample() 命令，实质与第 4.1 节介绍的操作相同。比如从 60 到 90 的整数序列中随机产生 20 个数值的样本，其中允许相同数值的存在（例如用于模拟教学研究数据）：

```
> sample(60:90, 20, replace = T)
 [1] 82 65 87 67 81 61 72 89 62 78 79 74 60 77 79 73 72 83
[19] 76 78
```

该方法同样可以用于产生逻辑值的随机样本，这里 replace 必须设为 T：

```
> sample(c(T,F), 20, replace = T)
 [1] FALSE  TRUE FALSE  TRUE FALSE  TRUE  TRUE  TRUE  TRUE
[10] FALSE FALSE  TRUE  TRUE  TRUE  TRUE  TRUE  TRUE FALSE
[19]  TRUE FALSE
```

第五章　R 制图基础

在大数据和多媒体时代，数据可视化 (data visualization) 已成为一种热门技能，日益受到重视。用图形来呈现枯燥的数据显然更吸引人，往往更容易被读者理解。一张图常胜过千言万语，也会给文章增色不少。对教师而言，有时需要在考试命题、学术论文和专著中插入一些数据图表，但如果没有方便的制图工具恐怕只能手绘，效果不如人意，尤其是各种函数曲线更显得粗糙。R 正是一种理想的制图工具，只要有数据或函数式，用 R 制图很方便而且非常精确。强大的制图功能是 R 的主要特色之一。

R 中专用于制图的包有好几个，包括 ggplot2、lattice 等，使用方式各异。其中 ggplot2 可能是最流行的，制图特别精致；不过由于使用彩色的图，对于普通印刷和出版不是很合适。本章只介绍 R 基础包中相对简单一些的制图命令，主要讲解图形的制作、修饰以及保存。

5.1　常用图形及制作方法

5.1.1　直方图

直方图（histogram）用于呈现一个数值型样本的密度分布，就是说在各个层级上共有多少个数值。编者所在学校每次考试后都要求根据学生的卷面成绩制作直方图及折线图。这在 R 中极其简单，比如下面是一个班学生的成绩：

```
> x <- c(79,76,71,74,89,88,77,79,75,96,78,83,80,80,81,72,78,82,86,84,76,
+   82,91,92,80)
```

最基本的直方图只要用一条简单命令 hist()：

```
> hist(x)
```

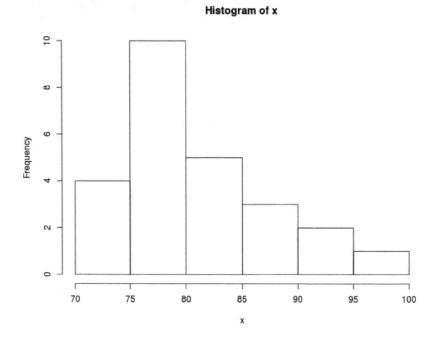

图 5.1　直方图的基本形式

直方图中每组两端的数值之差称为组距，各组显示为等宽矩形。

`hist()` 有很多选项用于调整图的显示方式，如：

```
> hist(x,
+    ylim = c(0,12),        # y轴的显示范围
+    labels = T,            # 显示数据标签
+    col = c("gray95","gray75","gray50")) # 颜色
```

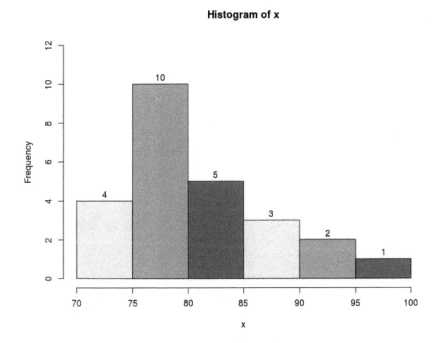

图 5.2　直方图几个主要选项的效果

　　labels 参数用于标明是否在每个分组矩形的顶端显示数值标签，参数值可以是 T 或 F，也可以是字符串。需要注意的是如果 labels 的值不为 F，常需要适当加大 y 轴的显示范围，否则数值标签可能显示不完整。col 表示颜色，如果指定的颜色数量少于分组数量则会依次重复。本书不采用彩色印刷所以设为灰色，读者可自行尝试彩色。

　　教师如果想按"分数段"查看成绩的分布情况，加一个选项 breaks 即可：

```
> hist(x, breaks = c(60,70,80,90,100), labels = T, ylim = c(0,15))
```

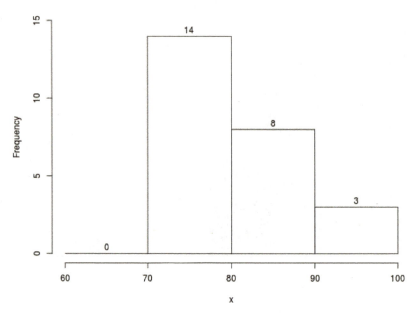

图 5.3 按"分数段"制作直方图

有一点要注意，在直方图中，刚好处于分组边界位置的分数会被计入其左侧的分组内，例如 80 就被算在 70—80 分数段。

也可以按各分组的概率密度（即在样本中所占的比例）画直方图和密度曲线：

```
> hist(x, prob = TRUE)
> lines(density(x))
```

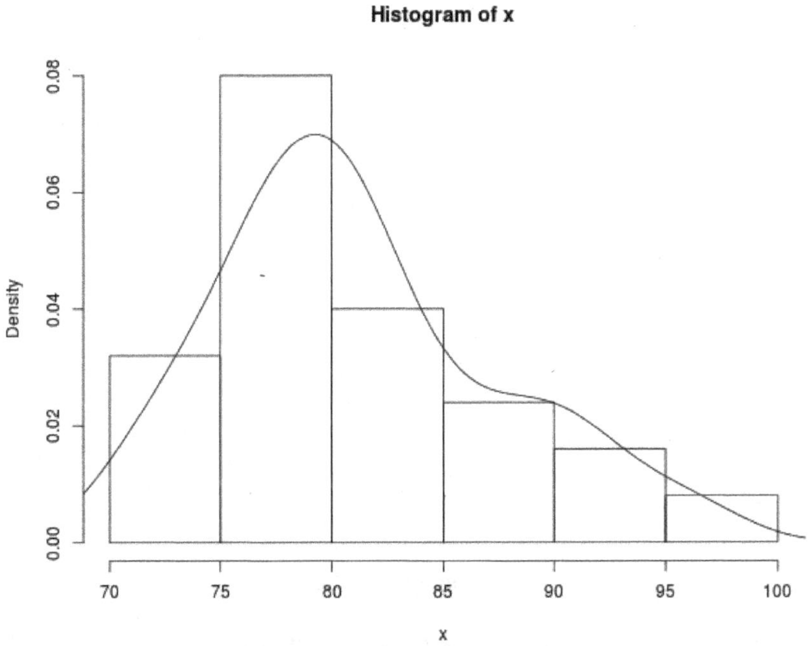

Histogram of x

图 5.4　概率密度和曲线直方图

如果希望曲线更平滑，可在 `density()` 中加选项 adjust，取值为大于 1 的数字（图略，请读者自行尝试）：

```
> lines(density(x, adjust = 1.5))
```

5.1.2　箱图

箱图（box plot）也称箱线图、箱须图（box-and-whisker plot）等，是一种显示基于样本的几个四分位数的统计图，即最低分、第一个四分位、中位数、第三个四分位、最大值（这些概念详见第六章中的介绍），并标出样本中异常值的相对位置。基本命令是 `boxplot()`。仍以上述班级学生成绩为例：

```
> x <- c(79,76,71,74,89,88,77,79,75,96,78,83,80,80,81,72,78,82,86,84,
+   76,82,91,92,80)
> boxplot(x)
```

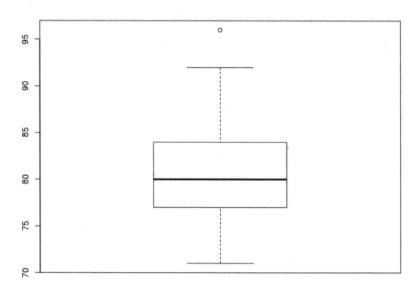

图5.5　箱图的基本形式

　　箱图左边是分数的刻度轴。中间方框的下边缘表示样本的第一个四分位，中间的线是中位数，上边缘是第三个四分位；方框上下的线段顶端表示除异常值之外的最大值和最小值；样本的异常值通常用圆圈或星号标在此范围之外。

　　不过只看一个样本的箱图意义并不大，其实箱图主要用于并列比较多组数据，比如横向比较多个班的成绩。要画多组数据的箱图，可从数据表将数据导入一个对象，然后用 `boxplot()` 命令即可。假设数据表中是四个班的学生成绩，每个班为一列（也可以用其他方式分组，见后续的某些章节），如下所示：

表5.1　制作多组箱图所需要的数据表结构

Class1	Class2	Class3	Class4
...	...	...	...
...	...	...	...
...	...	...	...

　　将表保存到一个数据文档 fourclasses.csv，然后导入到数据框：

```
> dat <- read.csv("fourclasses.csv", header = T)
```

下面用 boxplot() 命令，以数据框 dat 为数据对象；参数 names 用于指定各样本的名称，col 是各盒子的颜色：

```
> boxplot(dat,
+   names = c("Class1","Class2","Class3","Class4"),
+   col   = c("gray50","gray65","gray80","gray95"))
```

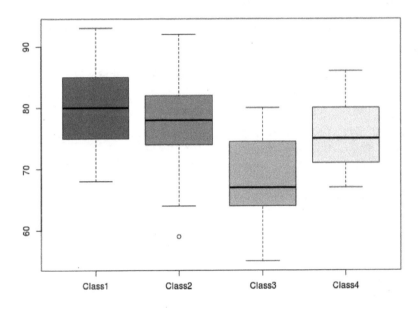

图 5.6 多样本并列显示的箱图

不同深浅的灰色可用 gray 加数字表示，如 gray20、gray90 等，其中的数字是从 1 到 99 的整数，数值越小颜色越深。

其实 R 中预定义了大量彩色，可以用 colors() 命令查看都有哪些；预定义的颜色都可以用名称表示，如 red、green3、lightblue、lavender 等。另外 R 也接受用十六进制表示颜色，如 #ff0000 表示红色，这种表示方式可以区分 16^6 即 16,777,216 种颜色，广泛用在网络和设计领域；不过这超出了本书的介绍范围，这里不详述，读者可自行上网搜索。

5.1.3 散点图

散点图（scatter plot）就是二维坐标系中由若干个数据点构成的图，每个点的位置由一对实数数值确定。散点图是很多其他类型图的基础，是用处最广泛的图类型之一。

画散点图的主要命令是 plot()，基本用法是 plot(x, y)，要求 x 和 y 的水平数必须相等，即每个 y 值都要对应一个 x 值，如 x[5] 对应 y[5]。这种用法在相关分析中用得很多。

在下面的例子中，先定义了两个变量，其中第二个变量 y 被定义为第一个参数 x 的一个函数，这样每个 y 值都对应一个 x 值，就是说两个向量的水平数是相等的：

```
> x <- seq(1, 10, .1)
> y <- sin(x)
> plot(x, y)
```

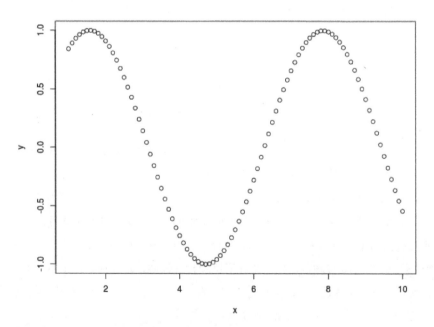

图 5.7　散点图

每个数据点默认显示为一个小圆圈。plot()命令的功能极其丰富，用不同类型的数据对象制出的图也有不同形式（见后面各章）。plot()有大量选项可用于调整图的各种细节，主要包括：

表5.2　plot()制图命令的主要参数及用法

参数名称	举例	意义
cex	cex = ".2"	数据点的大小比例，相对于默认的倍数
col	col = "red"	数据点的颜色
type	type = "l"	图类型，l 表示线条
lwd	lwd = "5"	圆圈线条的粗细，相对于默认的倍数
xlim	xlim = "c(10,50)"	x 轴的刻度范围
ylim	ylim = "c(0,50)"	y 轴的刻度范围
xlab	xlab = "x label"	x 轴的标签
ylab	ylab = "y label"	y 轴的标签
main	main = "Main title"	整个图的标题
las	las = "1"	刻度文字的方向

可以用 plot() 命令画各种分布曲线，例如正态分布曲线：

```
> x <- seq(-3, 3, .01)
> y <- dnorm(x, 0, 0.7)
> plot(x, y, cex = 0.2)
```

在这个例子中 x 轴的范围是用 seq() 定义的，其中 .01 表示相邻两点之间的间隔是 0.01，这样设置可以使曲线更加平滑；dnorm() 命令的第二个参数是均值，第三个参数是标准差。dnorm(x, 0, 0.7) 这条命令也可以写成 dnorm(x, mean = 0, sd = 0.7)。plot() 的参数 cex = 0.2 表示各点显示为默认大小的 20%。

5.1.4 折线图

折线图是由多对数值构成的点连接起来构成的，可用 `lines()` 命令来画，不过该命令是在已有的图上添加的，所以需要先调用 `plot()` 命令（见上一小节），然后再用 `lines()` 画线。`lines()` 命令需要两个参数，第一个是顺序或分类变量，第二个是数值型向量。折线图的本质也是散点图，非常适合表示某特征随时间变化的趋势。

示例一：某学院统计近十年来考研人数变化趋势，得到的数据由两列构成，第一列是年度(year)，第二列是考研人数(count)。将数据表导入 R 后用以下命令：

```
> dat <- read.csv("postgrad_data.csv", header = T)
> plot(dat$year, dat$count,
+   xlab = "年度", ylab = "考研人数",
+   main = "近十年考研人数变化趋势")
> lines(dat$year, dat$count)
```

近十年考研人数变化趋势

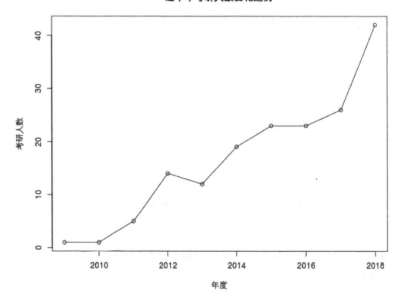

图 5.8 折线图

示例二：齐夫曲线

齐夫定律（Zipf's Law）是一条著名的文献计量学定律，内容是说在自然语言语料库中，一个单词出现的频率 x 与其在频数递减排序中的排名 y 成反比；将排名和对应的频数制成散点图后连成的曲线称为齐夫曲线（以下示例用的命令是 plot()，其中加了 type = "l" 选项，表示将各点依次用线段连接）。所以齐夫曲线实质是折线图，x 轴是词的频数排名，是顺序变量，y 轴是频数，是计数变量，二者均为正整数。

如果想基于 Brown 语料库制作齐夫曲线图，可先用语料库软件从 Brown 中得到词频数据表，然后存为 CSV 文档，用逗号分隔：

表 5.3　Brown 语料库词频表（部分）

```
rank,freq,word
1,70003,the
2,36473,of
3,28935,and
4,26247,to
5,23517,a
...
```

读入词频表，为简明起见这里只读入前 2000 行（用 nrow 参数）：

```
> data <- read.csv("brown_freqlist.csv", header = T, nrow = 2000)
> plot(data$rank, data$freq,
+   type = "l", # 数据点的显示方式，l 表示将点依次用线段连接
+   lwd = 2,
+   main = "Brown Corpus Word Frequencies Top 2000")
```

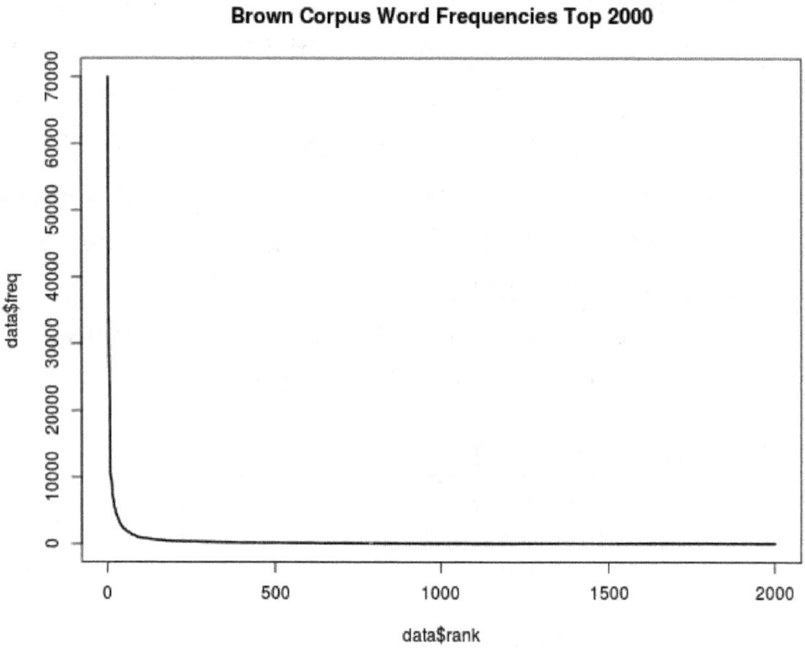

图 5.9　齐夫曲线

5.1.5　用 curve() 画曲线

plot() 命令基于实际数据制图，图是由离散的点组成的；curve() 命令则是基于函数式制图，形式是连续的线条，需要三个基本参数，第一个是函数（可以自定义），第二、第三个是 x 轴的取值范围。

例如要画 x 轴取值范围为 0 到 15 的正弦曲线：

```
> curve(sin(x), from = 0, to = 15)
```

或者用简略形式：

```
> curve(sin, 0, 15)
```

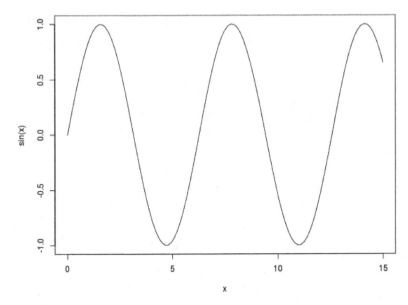

图 5.10　用 curve() 命令画的正弦曲线

用这个命令画函数曲线比如正态分布曲线非常简单：

```
> curve(dnorm(x, 0, 1), -4, 4, lwd = 2)
```

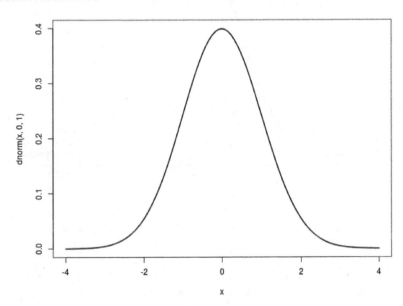

图 5.11　用 curve() 命令画的正态分布曲线

curve() 命令也有很丰富的参数。例如要改变线条的粗细，可加 lwd 参数（意为 line width），是默认粗细的倍数，如 lwd=3。另一个很有用的参数是 add，如果用 add=T 则可以将曲线叠加到已有的图上：

```
> curve(dnorm(x,0,1), -4, 4, lwd=3, ylab="")
> curve(dnorm(x,0,1.2), -4, 4, lwd=2, ylab="", add=T)
> curve(dnorm(x,0,1.4), -4, 4, lwd=1, ylab="", add=T)
> legend( x="topright",
+    legend=c("mean = 0, sd = 1",
+             "mean = 0, sd = 1.2",
+             "mean = 0, sd = 1.4"),
+    col=c("black","gray25","gray35","gray45"),
+    lwd=c(3,2,1), lty=1, pch=rep(NA,4), bty="n")
```

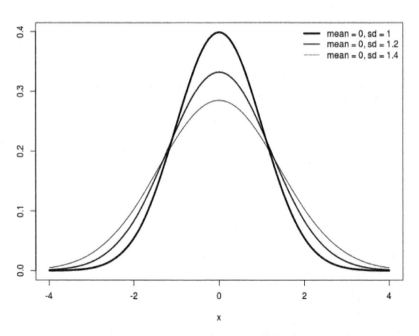

图 5.12　curve() 命令用 add=T 选项实现叠加的效果

5.1.6 饼图

饼图（pie chart）用于表示在一个总体中各个类别的观察频数所占的比例，要求各类别互无重叠并且加在一起构成总体（就是说再无其他类别）。制作这种图用 pie() 命令，需要两个主要参数，第一个是由各因子（类别）对应的观察值所构成的向量，必须是数值型；第二个是由不重复的因子（用于分类或标签）构成的向量，必须是范畴型；两个向量的顺序与个数必须一致。

下面的数据是某所学校某年份的生源地及其招生数量，这里假设只有这几个类别：

```
> sources <- c("Guangxi", "Guizhou", "Hunan", "Hainan", "Hubei",
+   "Sichuan", "Chongqing")
> students <- c(509,312,408,30,299,375,188)
> pie(students, sources,
+   main="Sources of students",
+   col = c("salmon","lightblue","violet","lightgreen", "lavender",
+   "turquoise","pink"),
+   clockwise = T)
```

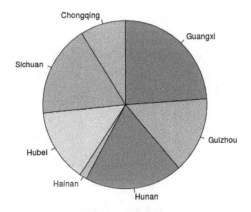

Sources of students

图 5.13 饼图

由于分类的数量较多，本例使用了彩色的图，请读者自行查看在 R 中的效果。

5.1.7　条形图

条形图（bar chart; bar plot）也称为柱状图，用于呈现若干个范畴（类别）中各自的观察频数，但并不假设这些就是全部分类。所用的命令是 barplot()：

```
# 数据：同上面的饼图，但还可能有其他生源地
> sources <- c("Guangxi", "Guizhou", "Hunan", "Hainan", "Hubei",
+    "Sichuan", "Chongqing")
> students <- c(509,312,408,30,299,375,188)
> barplot(students,
+    names.arg = sources,    # 用 names.arg 定义分类名称
+    main = "Sources of students", col = "gray60")
```

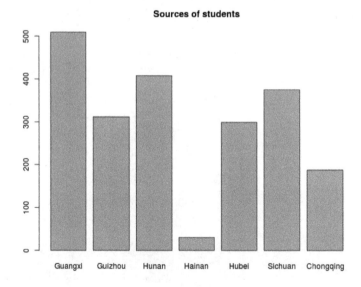

图 5.14　条形图

如果分类的名称很长，往往显示不出来，因为图中无法容纳。这类问题很常见，要解决也有多种办法，可以在 plot() 命令中加参数 las = 2，使 x 轴标签文本旋转 90 度，这是通常推荐的做法；也可以设置使用稍小一点的字号（例如加参数 cex.names = 0.7）；或者改变标签文本的倾斜角度，不过稍微麻烦一些。

其实还有一种办法，把条形图改为图 5.15 那样横向显示，同时适当增大左边缘的宽度（可用 par() 命令进行调整，见下面的例子），使之能容纳标签文字。下面的图表示的是五个学习者语料库的容量（以百万词为单位）：

```
> x <- c(.3, 1, 1.8, 2, 3.7)
> y <- c("LOCNESS", "CLEC", "TECCL", "ICLE", "ICLE v2")
> par(mar = c(5,7,4,2))            # 设定图边缘宽度
> par(las = 1)                     # 设置刻度文本为横向
> barplot(x,
+    main = "Learner writing corpora",
+    names.arg = y,
+    xlab="Size (in million)",
+    horiz = T)                     # 设置为横向
```

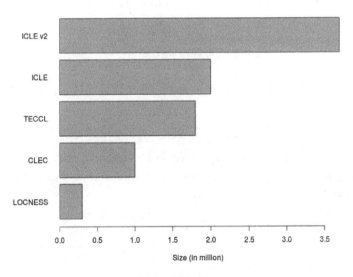

图 5.15　横向条形图

par() 命令专门用于设置或查询制图的各种选项，其参数 mar 是指图的下、左、上、右四个边缘的宽度，默认值是 c(5,4,4,2)+0.1。par() 还有大量其他参数，详见其帮助信息。

5.1.8 堆叠条形图

堆叠条形图（stacked bar plot）也是条形图的一种，用于各分类中都含有多个子分类的情况。

例如以下数据表示某小学各年级（分别标为 g1、g2、g3、g4、g5、g6）参加各类兴趣班的人数：

```
> g1 <- c(11,12,6,8,9,7)
> g2 <- c(9,13,6,7,5,8)
> g3 <- c(6,5,5,3,2,4)
> g4 <- c(3,2,2,1,2,4)
> g5 <- c(2,1,1,2,2,0)
> g6 <- c(0,1,2,1,2,0)
```

先将数据转换为表，以各个年级的数据为表中的列（cbind() 命令的意义是将各个向量绑定 <bind> 为数据或表的列 <column>）：

```
> survey <- as.table(cbind(g1,g2,g3,g4,g5,g6))
```

制图仍用 barplot() 命令，注意这里也使用了彩色，同时加了参数 legend：

```
> barplot(survey,
+   main = "Interest groups subscribed by school children",
+   legend = c("calligraphy","drawing","dancing","taekwondo",
+   "basketball","handicraft"),
+   col = c("plum","lightgreen","salmon","lavender","wheat",
+   "turquoise"))
```

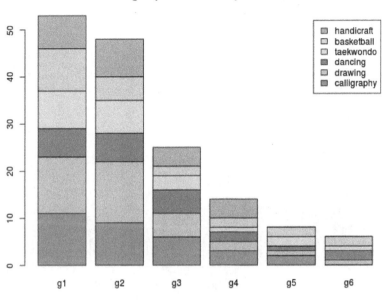

图 5.16　堆叠条形图

5.1.9　分组条形图

分组条形图（grouped bar plot）与堆叠条形图本质是相同的，区别是将这些子类别并列显示，方法是加参数 beside = T：

```
> barplot(survey,
+    main = "Interest groups subscribed by school children",
+    legend = c("calligraphy","drawing","dancing","taekwondo",
+    "basketball","handicraft"),
+    col = c("plum","lightgreen","salmon","lavender","wheat",
+    "turquoise"),
+    beside = T)
```

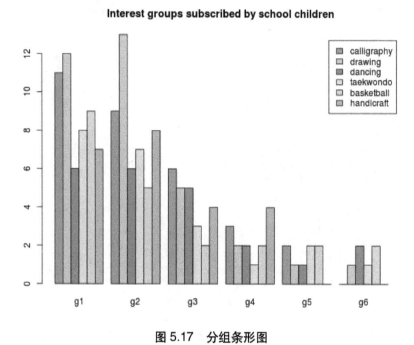

图 5.17　分组条形图

5.2　图形的编辑修饰

以上是基本的制图方法介绍，但在实际工作中还经常需要对图形做一些编辑和修饰，例如添加直线、辅助线、网格线，将多个图并列在一起或者重叠在同一图中。这些同样非常简单，以下讲解其主要方法。

5.2.1　在图上添加直线

abline() 命令用于在现有的图上画一条直线。第一个参数是当 x 为 0 时直线的 y 轴刻度，第二个参数是斜率（在 y=ax+b 中，a 就是斜率）：

```
> curve(1/x, -1.5, 1.5)
> abline(0, -15)
```

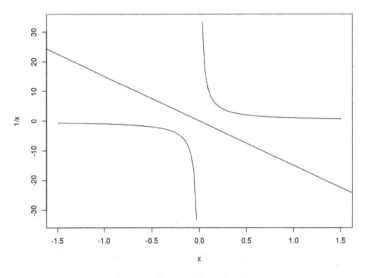

图 5.18　abline() 示例

在现有的图上画横向或竖向直线（比如作为辅助线），该命令很方便：

```
> curve(dnorm(x, 0, 1), -4, 4)
> abline(h = dnorm(1), lty = 2)
> abline(v = 1, lwd = .8)
```

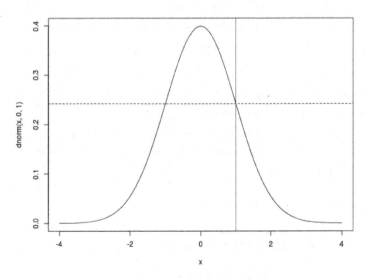

图 5.19　abline() 用于添加辅助线

abline() 中的参数 h 表示横线的 y 轴刻度，v 表示竖线的 x 轴刻度，可以分别使用，也可以同时使用。本例中的 lty 参数表示线型，一条是默认的实线，另一条是虚线。

在统计中，abline() 常用于根据某个回归模型画回归线，详见第十二章中的例子。

5.2.2　在图上添加线段和文本作标注

画图之后常常需要在图上加一些线段或文字进行标注。线段标注可以用 lines() 命令。这个命令前面（第 5.1.4 小节）已经介绍过，用于在现有的图上添加一条或多条相连的线段，需要指定各点的位置坐标。第一个参数是各点位置的 x 轴坐标，第二个参数是各点位置的 y 轴坐标（也有其他标识方式，这里不详述）。如果需要加粗，则可如其他制图中那样加参数 lwd。

text() 命令用于在现有的图上添加文字。其第一、第二个参数用于指定文本标签的中心点在图上的坐标位置，第三个参数就是文本字符串。如果字符串中间需要折行，需要在折行的位置插入 "\n"。在图中做标记是常见的需求，所以 text() 命令常被其他制图命令调用。

下面的例子是在一条标准正态曲线上标出某个概率区间。这里先用 lines() 命令画线段，然后在适当位置添加文本（注意位置的标识方法）：

```
> curve(dnorm(x,0,1), -4, 4, main = "U distribution")
> lines(c(0,0), c(0,dnorm(0)))      # 在 x=0 位置上画竖线
> lines(c(1,1), c(0,dnorm(1)))      # 在 x=1 位置上画竖线
> lines(c(.5,1.5), c(.28,.31))      # 在适当位置上画一条线段
> text(x = 2.2, y = .32, "Area between\nz=0 and z=1")
# 在适当位置添加文字内容
```

这最后一条命令也可以简写为：

```
> text(2.2, .32, "Area between\nz=0 and z=1")
```

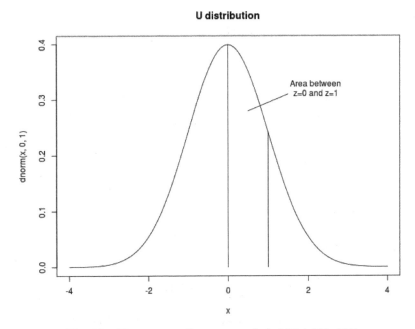

图 5.20　用 `lines()` 和 `text()` 命令在图上添加标注

5.2.3　在图上添加网格线

网格（grid）通常都是辅助性的，用于标识图中信息的参照位置。`grid()`
命令只用于在现有的图上添加网格线，如：

```
> x <- c(18,20,24,28,25,24,26,22,19,21)
> y <- c(20,22,24,27,26,25,25,23,24,23)
> plot(x,y)
> grid(nx = 5, ny = 4, col = "gray40", lty = "dotted")
```

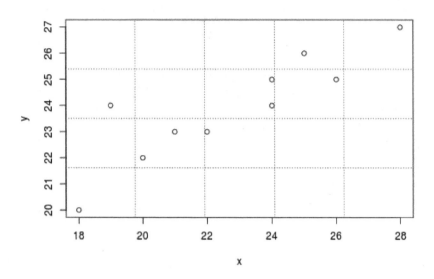

图 5.21　`grid()` 的基本用法

上述命令中 nx 和 ny 的值分别表示将图横向、纵向分成多少份，lty 指定网格线的类型，其中 dotted 也可以写成 3，是 R 中预定义了的。

5.2.4　将多个小图并列在同一大图中

有时需要将多个小图分成若干行、若干列，并列在同一张大图里，以便比较。其实现的方法不止一种，这里介绍一种比较简单的方案。

首先定义一个制图的范围，给这个范围取个名字如 mygraphs，用 `par()` 命令描述其结构，并注意要有一个开始和一个结束；在范围内插入多个制图命令即可，结构如下：

```
> mygraphs <- par(mfrow = c(m,n))
...
> par(mygraphs)            # 范围结束，记得加这个命令
```

`par()` 中的 mfrow 或 mfcol 将大图定义为 m 行、n 列。mfrow 与 mfcol 的区别在于各个小图的排列顺序。mfrow 表示小图先从左到右排第一行，然后排第二行；mfcol 表示小图先从上到下排第一列，然后再排第二列。

例如将不同参数的六个正态分布曲线放在同一张图内：

```
> mygraphs <- par(mfrow = c(2,3))
> curve(dnorm(x,0,1),-4,4,xlab="",ylab="",main="m=0, sd=1")
> curve(dnorm(x,0,1.4),-4,4,xlab="",ylab="",main="m=0, sd=1.4")
> curve(dnorm(x,0,.4),-4,4,xlab="",ylab="",main="m=0, sd=0.4")
> curve(dnorm(x,-1,1),-4,4,xlab="",ylab="",main="m=-1, sd=1")
> curve(dnorm(x,-1,.8),-4,4,xlab="",ylab="",main="m=-1, sd=0.8")
> curve(dnorm(x,1.4,1.4),-4,4,xlab="",ylab="",main="m=1.4, sd=1.4")
> par(mygraphs)
```

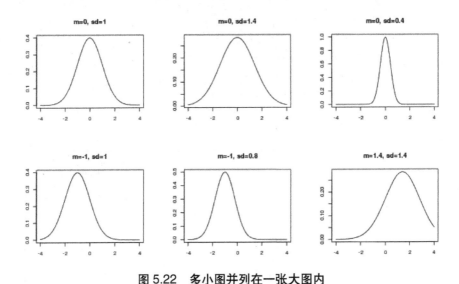

图 5.22　多小图并列在一张大图内

如果小图的数量少于定义了的位置数量，排不满的位置将留空；如果小图数量太多了，比方说定义了六个位置，但范围内有八个制图命令，则范围内只显示最后的两个小图。

5.2.5　将多个图重叠在同一张图中

有时需要把多个图叠在同一张图中做比较。这里介绍的方案是在各个制图命令之间加入 par(new=T) 命令，最后一个图后面不再加这条命令。如将不同参数的正态曲线显示在同一图中：

```
> ylim <- c(0,.8)
> curve(dnorm(x,0,1),-4,6, xlab="",ylab="",col="black",lwd=2,ylim=ylim)
> par(new=T)
> curve(dnorm(x,0,.8),-4,6, xlab="",ylab="",col="red",lwd=2,ylim=ylim)
> par(new=T)
> curve(dnorm(x,-1,.6),-4,6,xlab="",ylab="",col="blue",lwd=2,ylim=ylim)
> par(new=T)
> curve(dnorm(x,1.2,1.2),-4,6,xlab="",ylab="",col="green",lwd=2,ylim=ylim)
> legend(
+    x = "topright",
+    legend = c("mean =  0, sd = 1",
+              "mean =  0, sd = .8",
+              "mean = -1, sd = .6",
+              "mean =  2, sd = 1.2"),
+    col = c("black","red","blue","green"), lwd = 2,
+    lty = c(1,1,1,1), pch = rep(NA,4), bty = 'n')
```

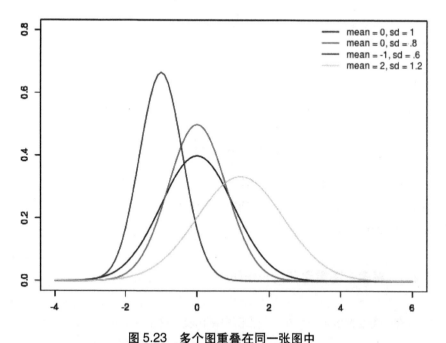

图 5.23　多个图重叠在同一张图中

上面的代码中 legend() 命令用于制作图例，参数非常丰富，主要包括：

表 5.4　legend() 命令的主要参数

参数名称	意义	取值方式
x	图例位置	"bottomright"，"bottom"，"bottomleft"，"left"，"topleft"，"top"，"topright"，"right"，"center" 或者用坐标方式指定
legend	图例中的标签	自由文本
lwd	线条粗细	相对于默认粗细（1）的倍数
lty	线条类型	数字方式（与名称对应）：0=blank, 1=solid（默认），2=dashed, 3=dotted, 4=dotdash, 5=longdash, 6=twodash 名称方式："blank"（不显示），"solid"，"dashed"，"dotted"，"dotdash"，"longdash"，"twodash"
pch	线条上数据点的类型	0 至 25 之间的数字，表示某个图形字符如菱形、三角形、方块等，如设为 NA 则不显示数据点
bty	边框类型	"o"（默认），"l"，"7"，"c"，"u"，"]"，"n"（无边框）

请读者自己尝试各种参数选项的效果。

重叠制图时有几点需要注意。首先，为了使重叠的各个图层有可比性，通常要求其坐标轴的范围一致，即在同一参照系中进行比较，所以制图时通常要专门设置 x 轴和 y 轴的显示范围，在本例中先定义了一个 ylim，然后在各制图命令中将其作为所有制图命令的 y 轴范围，目的是方便统一。其次，由于默认情况下各制图命令 x 轴和 y 轴的名称各有不同，尤其是 y 轴，重叠制图时为了避免不同标题叠在一起造成混乱，可将各命令中的 xlab 和 ylab 参数值清空或者设置为相同的标题。第三，要想加图的总标题，可以在其中一个制图命令中将标题赋给 main 参数，避免多个标题反复重叠。

5.3 图的保存

用上述方法制图之后要想保存下来，可在 Plots 栏点击 Export → Save as Image...，或者用菜单项 Plots → Save as Image...，指定保存目录，给图片取一个文档名，然后点 Save。保存时可以选择使用哪种图格式，共有六种选择，推荐用默认的 png，这是一种无损压缩的图片格式，图片的质量优于 jpg。

另外一种方案是在脚本中用命令的方式保存图片。有很多方法可用，比较简单的是像下面的例子这样，先指定图片的格式、名称、宽高值等，然后写制图命令，最后再加一条 `dev.off()` 结束，如：

```
> png("myplot.png", width = 400, height = 360)
> pie(rep(1, 1024), col = rainbow(1024), border = F, labels = NA)
> dev.off()
```

用这种方式制图不会显示在 RStudio 的 Plots 部分，而是直接写入电脑磁盘上的一个图片文档。这种方式非常适合批量制图和保存，可以通过在脚本中设置某些选项使制图风格高度统一。

在 RStudio 中制出的图的宽高比是与 Plots 窗口的比例对应的。要想改变制图的宽高比，可以调整 Plots 窗口，也可以在保存时输入 Width 或 Height，同时根据需要选择是否需要保持比例（maintain aspect ratio）。如果采用脚本式制图，可以更好地控制宽高和比例。

R 能制的图还有很多种，甚至可以制三维或动态图，这里介绍的只是最基本的，后面的一些章节中有用其他命令制图的实例。

中　篇

第六章　描述统计

外语教师都非常熟悉学生成绩、学生人数等信息，每次考试后教师都要计算平均分等。描述统计（descriptive statistics）也称描写统计，它能对原始数据进行初步整理，得出的各种统计量（statistic）都是客观的，不涉及任何主观因素。本章先介绍描述统计的一些基本概念及其在 R 中的计算方法，然后介绍正态分布、集中趋势、离散程度等基本概念。

6.1　基本描述统计量及其计算方法

描述统计的主要内容包括样本大小（sample size）、最大值（maximum）、最小值（minimum）、极差（range）、均值（mean）、中位数（median）、众数（mode）、四分位（quartile）、标准差（standard deviation）、方差（variation）、偏度（skewness）、峰度（kurtosis）等。计算这些描述统计量在 R 中非常容易，几乎都只需使用基本命令。

下面以某班学生的考试成绩为例说明各种统计量的计算方法：

```
> x <- c(79,76,71,74,89,88,77,79,75,96,78,83,80,80,81,72,78,82,86,84,76,
+   82,91,92,80)
> length(x)              # 样本容量，即样本中包含多少个数值
[1] 25
> max(x)                 # 最大值
[1] 96
> min(x)                 # 最小值
[1] 71
> range(x)               # 极差（该命令返回的是最小值和最大值）
[1] 71 96
> mean(x)                # 均值
[1] 81.16
> mean(x, trim=0.2)      # 修剪平均值：trim 的范围是 0 到 0.5
```

```
[1] 80.33333
> median(x)              # 中位数
[1] 80
> sd(x)                  # 标准差
[1] 6.322447
> var(x)                 # 方差
[1] 39.97333
```

quantile() 命令用于计算任意百分位上的数值，默认计算的是各个四分位。如果要计算其他百分位上的数值，要加 probs 参数：

```
> quantile(x)            # 各四分位数值
  0%  25%  50%  75% 100%
  71   77   80   84   96
> quantile(x, probs = c(60, 80)/100)
 60%  80%
81.4 86.4
```

样本容量就是样本中共有多少个观察值。最大值也称极大值，最小值也称极小值。极差也称全距，是样本的最大值与最小值之差。中位数也称中数，是指将样本按大小排序后处在最中间的那个数值；如果样本容量是偶数，就会有两个中位数，这种情况下则以二者的算术平均值作为中位。众数是指在样本中出现次数最多的那个数值，比如某个班的成绩中 76 分出现的次数最多，则76 就是这个样本的众数。

均值就是算术平均值。总体的均值用希腊字母 μ 表示，样本的均值通常在变量名称上面加一个横线表示。但有的情况下样本中存在极端分数，比如班上的某一两个学生的分数远远高于或低于其他同学，这时常规的平均分就不能很好地反映样本的总体情况；如果将极端分数去掉后再计算均值，会更好地反映总体水平。修剪平均值（trimmed mean）就是从排序后的样本两端各自去掉一定比例的分数然后再计算出的均值。这种方法并不罕见，例如某些比赛中从多位评委的打分中去掉一个最高分和一个最低分然后再取平均分，与此原理大致相同。平均数、中数和众数的值常比较接近，但通常不完全一致。

四分位数指的是在将样本按大小排序之后按顺序平均分成四份，取处在

25%、50% 和 75% 几个位置上的数值（处在 50% 位置上的就是中位数），其中 25% 位置上的数常称为第一个四分位（Q1），75% 位置上的称为第三个四分位（Q3）。这几个数值可以很好地标示出样本的分布形状。四分位数是制作箱图的基础（见第五章）。

标准差和方差反映的是样本的离散程度，即样本中的数值是多数靠近均值还是分布得比较分散。总体的方差用 σ^2 表示，其定义为每个观察值与均值之差的平方和除以总体的容量，而样本的方差用 s^2 表示，以样本容量减 1（这个值称为自由度，df）为分母；标准差就是方差的平方根。总体的标准差用 σ 表示，样本的标准差用 s 或 sd 表示。以下是总体方差和样本方差的计算公式。

$$\sigma^2 = \frac{\sum(X-\mu)^2}{N} \qquad s^2 = \frac{\sum_{i=1}^{n}(X_i - \overline{X})^2}{n-1}$$

可见方差和标准差总是正数，值越大就表示分布的离散度（degree of dispersion）越大，值越小则集中趋势（central tendency）越明显。方差和标准差在统计中用得极其普遍。

众数（mode）这个统计量用得很少，R 中也没有预定义命令。可以先定义一个函数 getmode() 再计算众数：

```
> getmode <- function(v) {
+    uniqv <- unique(v)
+    uniqv[which.max(tabulate(match(v, uniqv)))]
+ }
> getmode(x)
[1] 80
```

6.2　用 R 计算分布的正态性：峰度和偏度

如果将某校学生的身高测量数据按大小排序，通常会呈现两头小、中间大的特征，就是说靠近平均身高的人数多于远离平均身高的人数。样本越大，这种分布就越呈现出一种比较规则的形状：

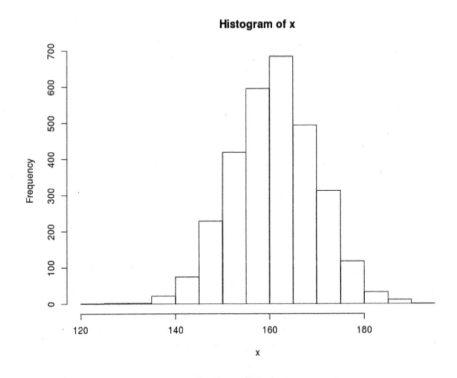

图 6.1　近似正态分布的形状

　　在样本无限大时，整体分布是一个对称的钟形曲线（bell curve），这种分布称为正态分布（normal distribution）。正态分布的均值、中位数、众数是相等的。均值为 0、标准差为 1 的正态分布（图 6.2）称为标准正态分布（standard normal distribution），也称 U 分布。

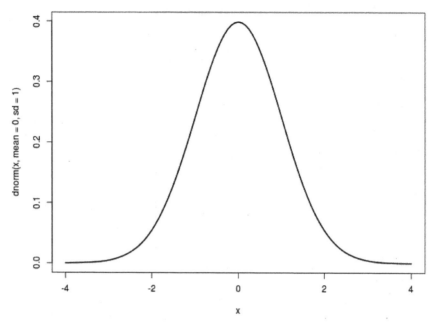

图 6.2　标准正态分布曲线

　　每个正态分布都有两个基本参数，即均值和标准差，二者共同决定了曲线的位置和形状。正态分布曲线的意义在于，每个正态分布曲线与 x 轴之间的区域面积都是相同的，因为表示的都是各个水平上数值的概率密度（probability density），而概率的总和都是 1；这样不同的正态分布就有了可比性。标准正态分布曲线是理想化了的正态分布曲线。

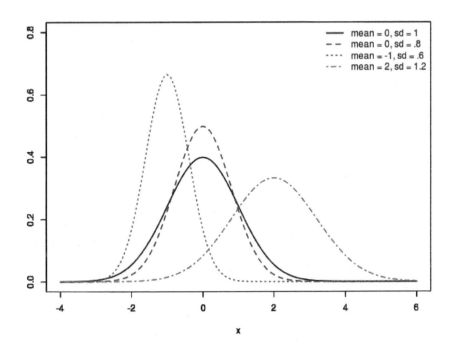

图6.3 不同参数正态分布曲线的形状比较

　　正态分布曲线是左右对称的；标准差的大小决定了分布的集中或离散特征。峰度和偏度衡量的是一个数值型样本在多大程度上接近正态。如果离散度比较大，则曲线相对扁平；如果离散度较小，即集中趋势明显，则曲线比较"陡峭"。描述统计中用峰度（kurtosis）来衡量这种特征。标准正态分布呈常峰态（mesokurtic）；相对比较扁平的分布呈低峰态（platykurtic）；呈陡峭形状的分布呈尖峰态（leptokurtic）。以学生成绩为例，如果各分数段的人数都差不多，就是说样本的离散度较大，呈低峰态；反之如果各分数段上的人数相差很大，多数集中在平均分附近，即离散度较小，分布呈尖峰态。峰度衡量分布的离散性程度。

　　偏度（skewness）则衡量分布的对称性。形状偏向一侧的分布称为偏态（skewed）分布。图6.4左边这种分布呈正偏态（positively skewed），右边的呈负偏态（negatively skewed）：

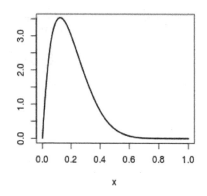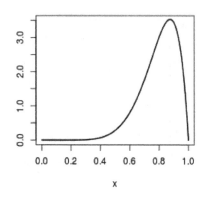

图 6.4 偏态分布的基本形状

与正态分布相比，偏态分布的均值与中位数差别较大。随着分布形态的不同，均值与中位数所反映出的特征也有区别。正态分布的偏度为零。

偏度与峰度的计算公式有些相似：

$$\gamma 1 = \sum_{i=0}^{n} (\frac{x_i - \bar{x}}{s})^3 \qquad \gamma 2 = \sum_{i=0}^{n} (\frac{x_i - \bar{x}}{s})^4 - 3$$

公式中 s 是标准差。从公式可以看出，偏度值可能大于 0，也可能小于 0；而峰度值永远大于 0。如果偏度值大于 0，分布为正偏态，如果小于 0，则分布为负偏态。

上面的峰度计算公式称为超值峰度（excess kurtosis），是从"标准"计算公式中减去 3 而来，这样解释起来比标准计算方式更直观一些，例如正态分布的超值峰度是 0，小于 0 的分布曲线相对较平，大于 0 则相对较尖。

计算峰度和偏度可以用 e1071 包：

```
> library(e1071)
> kurtosis(x)
[1] -0.4464793
> skewness(x)
[1] 0.5677862
```

6.3　用 R 计算标准分

6.3.1　Z 分数

标准分对教学研究有特别重要的意义。比方说有两个班，85 分在 A 班是中等，在 B 班却是优秀，就是说同样的原始分在不同班里的排名总会有区别，只看原始分的意义有限；如果转换为标准分，就可以清楚反映出其处在什么水平。每个原始分都有相应的标准分，通常用 Z 表示，定义为原始分与均值之差与样本标准差的比值，换句话说就是原始分与平均分的差距相当于多少个标准差：

$$Z = \frac{X - \overline{X}}{s}$$

高于平均分的分数其标准分大于 0，低于平均分的分数其标准分小于 0。图 6.5 是标准正态分布，标出了各个单位标准差的面积区域在总体中所占的比率。

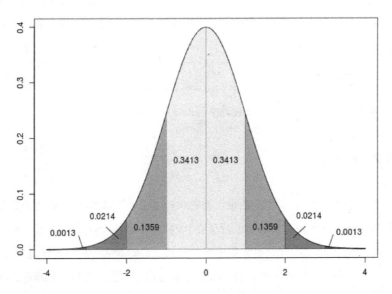

图 6.5　标准正态分布中的标准差

越远离均值的区域所占的面积越小，也可以说这样的分数所占的比例越小。处于均值左侧的原始分低于均值，右侧的则高于均值。以班级成绩为例，如果某分数的标准分是 2，在全班成绩中显然是佼佼者，因为这个水平以上的成绩（即相应标准分右侧的阴影面积所代表的分数个数）寥寥无几，换句话说这位同学的成绩比本班绝大多数同学的成绩都要高。

标准分可以用公式计算，如计算 89 这一原始分的标准分：

```
> x <- c(79,76,71,74,89,88,77,79,75,96,78,83,80,80,81,72,78,82,86,84,76,
+    82,91,92,80)
> (89 - mean(x)) / sd(x)
[1] 1.240026
```

可见 89 这个原始分在样本中的 Z 分数是 1.240026。接下来可以计算该标准分所对应的百分位，从而看出其在样本中处在什么位置：

```
> pnorm(1.240026)
[1] 0.8925171
```

就是说如果一个学生成绩的标准分是 1.240026，则超过了约 89% 的学生。

R 的特色之一是可以对整个向量进行运算，可用下面的方式计算每个原始分的 Z 分数（结果省略）：

```
> z.scores <- (x - mean(x)) / sd(x)
```

本书附录三介绍了标准分在教学活动中的一种应用。

6.3.2　T 分数

教学领域中常用的 T 分数也常被称为标准分，它实际上是在 Z 分数基础上做的变换。前面说过 Z 分数的分值在 0 的上下，不是非常直观；而 T 分数则可以将每个 Z 分数折合成更容易理解的形式：T=a+b*Z，其中 Z 就是 Z 分数，a 是一个基准分（可以是样本的平均分），b 是扩大系数，类似于标准差。比如在教学中计算 T 分数时经常采用 T=75+10*Z 这个公式，相当于以 75 分为基准分，以 10 分为扩大系数。这样，一个 Z 分数为 1.78 的原始分的 T 分数就是

75+10*1.78=92.8。显然计算也非常容易，这里仍以上一节中的数据为例：

```
> x <- c(79,76,71,74,89,88,77,79,75,96,78,83,80,80,81,72,78,82,86,84,76,
+   82,91,92,80)
> z <- (x - mean(x)) / sd(x)        # 计算 Z 分数
> t <- 75 + 10*z                    # 计算 T 分数
> t
 [1] 71.58360 66.83860 58.93027 63.67527 87.40026 85.81860
 [7] 68.42027 71.58360 65.25694 98.47193 70.00193 77.91027
[13] 73.16527 73.16527 74.74693 60.51194 70.00193 76.32860
[19] 82.65526 79.49193 66.83860 76.32860 90.56359 92.14526
[25] 73.16527
```

这样就将 Z 分数折合为以 75 分为平均分、以 10 分为标准差的"标准化样本"的 T 分数。如果不想保留那么多小数位，可以用 round( ) 函数，并指定参数 digits，即小数位数：

```
> t <- round(75 + 10*z, digits = 1)
> t
 [1] 71.6 66.8 58.9 63.7 87.4 85.8 68.4 71.6 65.3 98.5
[11] 70.0 77.9 73.2 73.2 74.7 60.5 70.0 76.3 82.7 79.5
[21] 66.8 76.3 90.6 92.1 73.2
```

显然基准分和扩大系数的设定有一定的任意性，往往是一种惯例；实践中可以按实际需要灵活设定。

T 分数在统计领域通常是指衡量样本与总体的偏离度的单样本 t 检验的统计量（二者的意义本质是一样的），见第 9.4 节的解释；语料库语言学领域的 T 分数则是一种用于判断搭配词（collocate）与节点词（node）之间搭配强度的量。

第七章　推断统计的重要概念

统计方法可以粗略地分为描述统计（descriptive statistics）和推断统计（inferential statistics）。描述统计客观地描写事实，一切描述统计量都是从真实的观察数据中得到的，但并不对这些真实数据做任何推测。推断统计则不同，它基于已有的观察数据来推断未知信息，比如总体特征是怎样的，某些特征之间存在怎样的一般关系等。显然基于推断统计的研究比描述统计更有学术意义。推断统计是从已知到未知的探索，而这正是科学研究的核心目的之一，所以推断统计总是与研究设计交织在一起。这一章介绍推断统计和一般研究设计的主要概念，这些是理解学术研究中统计方法的基础。已经掌握了 SPSS 及统计原理的读者可以跳过这一章。

7.1　假设检验

假设检验（hypothesis testing）是指研究者从某个假设（hypothesis）出发，然后用适当的方法来检验该假设是否成立，所以统计上的假设检验是验证性的（confirmatory）。统计检验有很多种，如方差检验、t 检验、卡方检验等，其目的和检验对象各有区别，但各种检验都符合经验科学研究的一般过程，即首先观察基本事实、得出基本数据，然后基于这些原始数据提出假设，其可能是某种模型；接下来是采用适当方法对假设进行检验。如果检验结果符合原假设，则接受（或者说不能拒绝）原假设，否则就要拒绝原假设。显然假设是统计检验的重要环节。不过，统计学领域的假设与一般意义上的假设在表现形式上有一些区别（见下一节）。

统计上的假设检验都要遵循一些步骤。研究必须从一个研究假设（research hypothesis）开始，比方说"电子阅读与纸质阅读对养成阅读习惯有不同影响"，这是研究者对实验结果的一种估计或期待；实验的结果可以分为"是"和"否"两种可能。在统计检验开始之前需要先确定一个零假设、一个备择假设，二者是相反的。下一步需要研究者判断要对该检验做什么样的统计假设（statistical assumption），例如，是否假设两个样本是相互独立的？或者是否假设样本的总体符合某种分布？就上面的阅读习惯这个例子来说，假如我们抽取了两个随机样本，一组中的个体习惯电子阅读方式，另一组习惯纸质阅读方式，那么我们可以假设习惯电子阅读的和习惯纸质阅读的两类个体均呈正态分布。基于这一出发点，下一步是选择恰当的检验方式和相应的统计量（test statistic），这里可选择 t 检验（见第九章），而相应的统计量就是 t 值，该值在零假设成立的情况下遵从的分布形态是 t 分布。随后要选择一个显著性水平，即 α 值（如 0.05 或 0.01）。在零假设成立的情况下，t 分布的概率密度被分成两个部分，其中一部分是拒绝零假设的情况（即两种阅读方式对养成阅读习惯造成显著不同的影响），其概率最高是 α，另一部分则是不能拒绝零假设的情况（即两种阅读方式对养成阅读习惯没有显著影响），即 $1-\alpha$。

接下来就是统计检验本身，主要有两类方式。第一类是像各种经典统计教程中描述的那样，先根据观察到的数据计算出统计量（如 t 值），然后将其与该统计量的关键值（即零假设成立的情况下该统计量在相应显著性水平上对应的阈值）做比较，从而决定是否拒绝零假设。

第二类方式是 p 值检验法，它是当今计算机时代统计计算中被普遍采用的方法：首先是基于观察数据计算出实际的统计量（如 t 值）和 p 值（见下文）；如果 p 值小于预先设定的显著性水平 alpha，则拒绝零假设。

注意上述检验方法近年受到了重要挑战，相关内容请阅读本书第十六章。

7.2 零假设和备择假设

事物之间的差别可能很大也可能很小，差别的大小往往是一个连续统（continuum），没有明显的等级之分，但在理论上可以清晰地划为有差别和无差别两种情况。统计检验总是以无差别作为默认的假设，这种假设称为零假设（null hypothesis，记为 H_0），也有人译为虚无假设。每个统计检验中的零假设的表现形式各不相同，但本质都是一样的。比如，要想比较几所学校学生的大学英语六级考试成绩，则先假设其不存在差异；要想比较不同教学方法的效果，先假设无论用哪种方法学生的成绩都一样；要比较几类事件发生的概率是否有区别，先要假设其相同，例如阅览室中各类图书的借阅次数都是一样的；要想研究词汇量是否影响阅读速度，先假设词汇量对阅读速度没有影响，即词汇量大的学生与词汇量小的学生的阅读速度是相同的；要想研究一组学生两次测试的成绩有何不同，先要假设不存在区别，换句话说，学生成绩不会发生变化，等等。这些都可以归结为"无差异"。

假设检验的关键步骤是将检验结果与零假设进行比较。如果检验结果表明实际情况与零假设没有显著差异，则不能拒绝（reject）零假设；如果有显著差异则要拒绝零假设，转而接受备择假设（alternative hypothesis，记为 H_1），亦即研究假设（research hypothesis）。例如我们对两组学生的成绩做比较，零假设是两个组的均值相等，即 H_0 为 $M_1=M_2$，而备择假设 H_1 是 $M_1 \neq M_2$，$M_1 < M_2$ 或者 $M_1 > M_2$。如果我们只关心两个均值是否有区别，不关心孰大孰小，则以 $M_1 \neq M_2$ 为备择假设，这种检验称为双尾（two-tailed）检验；否则要以 $M_1 < M_2$ 或者 $M_1 > M_2$ 为备择假设，称为单尾(one-tailed)检验。这里"尾"是个形象化的说法，指概率密度曲线中位于两侧的部分。在图 7.1 中，左侧的阴影部分和右侧的阴影部分都是单尾检验中拒绝 H_0 的区间，而双尾检验中拒绝 H_0 的区间各占 alpha 值的一半面积，分布在两侧（见下一节中的 p 值）。

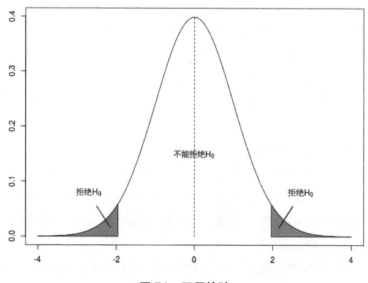

图 7.1　双尾检验

在绝大多数检验中拒绝零假设的概率都只有 5% 或更小，就是说是"小概率事件"。然而实际上差异几乎是永远存在的，只是大小有区别而已，为什么要以 5% 为界限？换个角度说，在什么情况下可以拒绝零假设？我们需要有一个判定标准。

7.3　置信水平、alpha 和 p 值

统计检验中判定显著性的标准被称作置信水平（confidence level），也译为信心水平，是检验开始之前预先设定的，表示不能拒绝零假设的区间。一个用得很普遍的置信水平是 0.95，也就是 95%。在图 7.2（单尾检验）中，无阴影区域占 95% 的面积，是不能拒绝零假设的区域，剩下的阴影部分属于"小概率情况"，占 5%，通常表示为 0.05。这个预先设定的界限值被称为 alpha。alpha 常被称为显著性水平（significance level）。

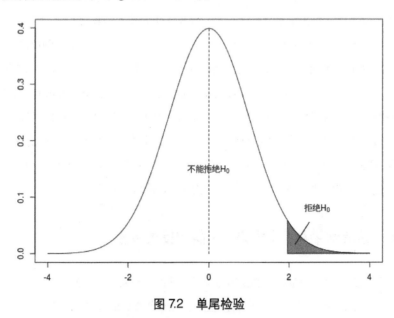

图 7.2　单尾检验

统计检验中选择的统计量（statistic），例如 t 值、F 值，在零假设成立的情况下构成某种统计分布，如 t 分布、F 分布。统计检验的任务是基于观察到的数据计算出一个重要的值，该值表示在零假设成立的情况下实际统计值以及更

极端的情况发生的概率，这个概率被称为 p 值（p 即 probability）。如果 p 值大于或等于 alpha，则认为"实际结果与零假设的情况不相符"这种事件的概率过大，超过了预先设定的界限，因此不能拒绝零假设，不过这并不是说零假设就是真的。反之，如果 p 值小于 alpha，表示"实际结果与零假设的情况不相符"这种事件的概率很小，落在了阴影部分，那么检出的情况就有了统计上的显著性（statistical significance），所以就要拒绝零假设，不过这也不意味着备择假设就是真的。可见在统计检验中，是拒绝零假设还是不能拒绝零假设，是建立在概率的基础上的。

长期以来 p 值在统计检验中占据主导地位，各类统计教程中几乎都是遵循 R. Fisher 的统计检验思想，即如果 p 值小于 alpha，那么有两种可能，要么零假设为真但小概率事件发生了，要么零假设为假。需要注意的是，有了统计上的显著性并不等于差异很大，这一点经常被忽视，相关内容见本章后面关于效应幅度的小节；另外 p 值的真正意义常常被误解，最近一些重要的学术期刊和学会就 p 值的意义提出了颠覆性的意见，详见本书第十六章的讨论。

虽然 alpha 值经常被设在 0.05，但这并不是先验标准，只是一种惯常做法，其实可以根据不同需要来设定，比如有时候也会设定在 0.01 或 0.001；不同的检验需求所需要的置信水平有所区别。alpha 是一个阈值（threshold），它的设定是为了从连续性的概率中做二项（binary）判断，即拒绝零假设还是不拒绝零假设。对连续数据做二项判断必须人为约定阈值，比如在百分制成绩中 59 分和 60 分之间并没有本质区别，及格分数设为 60 其实是人为规定，而有些研究生课程考核成绩要求获得学位的分数线就常被设在 70 或 75。

7.4　置信水平与 I 类错误、II 类错误的关系

显然置信水平设定的高低直接影响对显著性的判断。如果置信水平设定得比较低，就是说 alpha 设定得比较高，那么一些现实情况被认定为异于常规的概率就更大，例如在反恐行动中，本着宁可发生误判也不放过一个可能的恐怖分子的原则，往往降低显著性判断的门槛，认定某人是恐怖分子的标准就相对宽松。而如果置信水平设定得很高，alpha 就比较低，判定存在显著性的门槛就很高，如美

国食品药品监督管理局（U.S. Food and Drug Administration）严格审查申请上市的新药品，只有在药品的效果达到某个严苛的高标准的前提下才被允许临床使用。

但是显然这两类情况都存在出错的可能。在第一例中，零假设是被判断的对象与平民没有差别，如果这一假设符合实际，但这些人仍被判定为恐怖分子，这就是拒绝了正确的零假设，或者说错误地夸大了显著性，被称为 I 类错误（Type I Error）；在第二例中，零假设是被审查的药物与非药物没有显著差异，如果这不符合实际（就是说其实有效果），但这些药物仍被判断为没有显著效果因而被拒绝，这就是保留了错误的零假设，这种类型的错误被称为 II 类错误（Type II Error）。这两类错误是一对矛盾。

零假设与显著性判断的关系如下表：

表 7.1　假设检验中的显著性判断方式

	H₀ 为真	H₀ 为假
拒绝 H₀	I 类错误	正确
不拒绝 H₀	正确	II 类错误

由于置信水平是人为设定的，加上抽样误差无法完全避免，推断结论也就不具有必然性而是概率性的。

7.5　对总体参数的点估计和区间估计

根据样本推测总体，即根据已知推断未知，是推断统计的核心任务。生活中人们常常基于某个样本推测其他样本甚至总体是怎样的。比如在检验一批货物是否合格时，从中抽取一个样本，如果这个样本的合格率达到标准，就推断全部货物的合格率也达到标准。另如从全国大学生中抽取 1000 人的样本，根据这些学生的英语平均词汇量来估测全国大学生的英语平均词汇量。

基于单个样本的特征（如均值）来估计总体的参数，这种估计称为点估计（point estimation）。但是显然点估计有很大的局限性，因为任何样本都不会有完全的代表性，其特征都与总体特征或多或少存在区别，换句话说，抽样总会存在一些误差。一般来说，样本容量越大其均值就越接近总体的均值，然而在实践中能够采集多大的样本，总会受到多种制约。

既然点估计有局限性，那么多采集一些样本会怎样呢？比方说，从全国抽取很多个大学生样本，可以想象有的样本的词汇量均值会略高于总体均值，有的则略低于总体均值；设想一下，把所有可能的样本均值放在一起，然后计算这些均值的均值，就得到了总体均值，即更接近实际情况的全国大学生英语平均词汇量。所有样本均值都存在误差，但都会在某个范围即区间内，而总体均值肯定就落在这个区间内。用这种方式估计总体均值的范围，就是对总体参数的区间估计（interval estimation）。这个区间越小，则表示抽样误差越小；区间越大，抽样误差越大。这个区间的大小是通过标准误来估算的。

7.6 标准误和置信区间

每个数值型样本都有一个均值，都或多或少与总体的均值存在一些差别。如果把所有样本的均值都放在一起，组成一个特殊的样本，这个样本的标准差，即"均值的标准差"，被称为标准误（standard error，se），用于衡量抽样误差的大小。这就是说，标准误也是一种标准差，不过它是一种特殊的标准差，与一般的样本标准差有很大不同，不可混淆：样本标准差衡量的是单个样本的离散程度，而标准误衡量的则是抽样误差的大小，是基于样本特征计算的。

标准误 se 的计算公式如下：

$$se = \frac{s}{\sqrt{n}}$$

其中 s 是样本的标准差，n 是样本容量。可见标准误是一个接近零的正实数，其值与样本的大小有关，样本越大标准误就越小。标准误在很多检验方法中都会出现，详见本书后面的各章节内容。

在 R 中可以用某些现成的工具包计算标准误。以某班成绩为例：

```
> x <- c(79,76,71,74,89,88,77,79,75,96,78,83,80,80,81,72,78,82,86,84,
+    76,82,91,92,80)
```

用 sciplot 包中的 `se()` 函数计算：

```
> library(sciplot)
> se(x)
[1] 1.264489
```

用 plotrix 包中的 `std.error()` 函数计算：

```
> library(plotrix)
> std.error(x)
[1] 1.264489
```

其实由于计算公式很简单，自己算也是可以的：

```
> sqrt(var(x) / length(x))
[1] 1.264489
```

而置信区间（confidence interval），就是在样本均值 mean 的上下浮动标准误（se）的范围，即 mean ± se；而总体均值就在这个区间之内，如图 7.3（本例的均值为 0）：

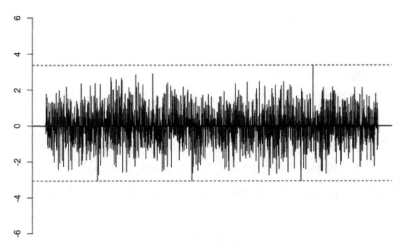

图 7.3　置信区间示意图

标准误越小，即抽样误差越小，则置信区间越小，估算总体均值的精度越高。样本越大，置信区间就越小，估算总体均值的精度越高；反之，样本越小，置信区间越大，估算总体均值的精度就越低。

7.7 研究变量之间的关系

数学意义上的变量表示未知或不确定的量；统计意义上的变量有的是数值，也有的是其他类型。这里说的研究变量，是指在实验中考虑到的各种可测量或可控制的因素，其间一般存在某种关系，有些关系是相对明确的，有些关系则需要通过研究才能了解。科学研究的核心工作之一就是发现并描述变量之间的关系。

如果一个变量以某种方式导致另一个变量发生变化，例如词汇量影响阅读速度，那么词汇量被称为"自变量"（independent variable）或实验变量，阅读速度被称为"因变量"（dependent variable）或反应变量，二者存在因果关系。当然现实中往往是多个自变量共同对因变量产生影响，例如除了词汇量以外，语法知识、背景知识甚至印刷字体、字号大小等都会影响阅读速度，只是影响的方式和程度不同。

实际研究中如果自变量太多，会使研究过于复杂，所以研究者常将其中某个变量"控制"起来，使之保持稳定，在此前提下考察其他更主要的变量间的关系。被控制的因素称为"控制变量"（control variable）。举例来说，个人收入影响消费习惯，前者是自变量，后者是因变量；但个人资产的多少无疑也是一个影响因素，不能不考虑；所以可以把资产数额作为控制变量，在此基础上研究个人收入与消费习惯之间的关系。

如果自变量 A 影响因变量 B，但还有一个因素 C 是 A 的结果但同时又影响 B，这个变量 C 被称为介入变量（intervening variable），也称为中介变量（mediating variable）。例如我们研究学历与消费习惯之间的关系，以前者为自变量，后者为因变量，但二者之间还有一个中间层次即收入水平，因为学历影响收入水平，同时收入水平又影响消费习惯；那么收入水平对我们的研究来说就是一个介入变量。

在各种关系中，有些是在经验基础上直观识别的，比如身高和体重的关系就显而易见；有些则无法直观认识，比如性格与学习成就之间有怎样的关系就需要深入研究才能知道。在研究中识别变量之间的关系非常重要，直接决定研究的意义和价值。在实验设计中，变量之间的主要关系往往是基于文献回顾和对理论框架的深入认识来判定的。

从认识论的层面来看，因素之间存在何种关系取决于研究者甚至整个学术界对世界的认识。一个著名的例子是亚里士多德认为物体的重量决定其下落速度，后来伽利略的比萨斜塔实验推翻了这个广泛流传了很多个世纪的观念，引发了科学研究方法的重大变革。另外，一个因素对另一个因素是否有影响，可能要很长时间才被发现，科学探索就是从复杂的经验事实中发现各种未知的关系。

7.8　参数检验和非参数检验

有些统计检验假设样本是从某个特定的总体分布中抽取出来的，例如 t 检验和方差分析就假设样本所来自的总体呈正态分布。同一类分布的整体特征基本上是相同的，不同之处仅在于其基本参数（parameter）如均值、标准差；一旦参数确定了，总体的分布形态也就确定了，其规律性非常明显，因此很容易计算。例如在第六章中提到，通过 mean 和 sd 两个基本参数就可以确定正态分布的形状；即使有更多的随机样本，这些样本仍然符合总体分布的特征。很多基本的统计检验都做这种假设，这类检验被称为参数检验（parametric test），而这一类型的统计被称为参数统计（parametric statistics），其对数据的要求很严格，只适用于测量数据（比率数据）和等距数据（如温度）。多数统计学手册后面都附有若干个统计表，如标准正态分布表、t 分布表、卡方分布表、F 分布表等，这些表就是根据相应分布的形态列出来的。

但我们有时无从判断总体的分布是属于什么类型，比如样本太小的情况；如果有了新的数据，这些新数据很可能改变原来的总体特征，例如某个班学生成绩的排名就会受到新来学生成绩的影响；我们并不知道总体的方差、均值和标准差。在这类情况下不能用参数检验，而只能用非参数检验（non-parametric test）。这类检验适用于等级顺序数据（比如排名）、偏态数据以及其他无法判断总体分布形态的情况，计算时并不依赖总体参数。非参数检验是统计检验的重要分支，由于不做假设，有很大的灵活性，比参数检验的适用范围更广，计算大多也很方便。不过，如果对符合参数检验条件的数据使用非参数检验，则效果不如参数检验，所以只要数据符合条件，就应当首选参数检验。

主要的非参数检验包括曼—惠特尼 U 检验、威尔柯克斯配对样本检验、

Kruskal-Wallis 检验、弗里德曼秩和检验等，另外拟合优度检验（如卡方检验）也属于非参数检验，详见本书后面的相关章节内容。参数检验方法和非参数检验方法大多可以对应，例如：

表 7.2　参数检验与非参数检验的对应关系

参数检验	非参数检验
独立样本 t 检验	曼—惠特尼 U 检验
配对样本 t 检验	威尔柯克斯配对样本检验
单因素方差分析	Kruskal-Wallis 检验
皮尔逊积矩相关系数	斯皮尔曼等级相关系数、肯德尔等级相关系数

7.9　效应幅度的概念

如果统计检验取得了显著性，例如我们对两个班学生成绩的平均分做比较，t 检验（见第九章）结果 p 值远小于 alpha，比方说 alpha 为 0.05 而 p 值为 0.0008，是否说明差异很大？答案是"未必"，因为这只能说明这一结果或者更极端的情况在零假设成立的情况下发生的概率很小，这与两个组的差异大小不是同一个概念。至于差异究竟有多大，还要进一步计算效应幅度（effect size），也译为效应值或效应量，只有计算效应幅度后才能判定差异有多大。

效应幅度有很多种，不同的统计检验用不同方法计算效应幅度，很难下个确切定义。根据 Morgan *et al.* (2004: 89)[1] 的定义，效应幅度表示自变量与因变量之间的关联强度的大小，或者表示自变量的不同水平相对于因变量有多大的区别，抑或同时表示二者。效应幅度是对假设检验的补充，在功效分析（power analysis）、样本容量规划、元分析（meta-analysis）中发挥重要使用。假设检验的目的是看统计显著性（statistical significance）有多大，而效应幅度则表示实质显著性（substantive significance）有多大，二者不是一回事。

1　Morgan, G. A. *et al.* 2004. *SPSS for Introductory Statistics* (2nd ed.). Mahwah, N. J.: Lawrence Erlbaum.

著名统计学家 Jacob Cohen 在统计功效和效应幅度研究方面最有影响，他给各种统计检验提出了一些建议性的效应幅度参考值：

表 7.3　各种统计检验的效应幅度参考值（Cohen 1988）[1]

统计检验	效应幅度	参考值		
		小（small）	中（medium）	大（large）
t 检验	d	0.20	0.50	0.80
方差分析	f	0.10	0.25	0.40
线性模型	f2	0.02	0.15	0.35
比例检验	h	0.20	0.50	0.80
卡方检验	w	0.10	0.30	0.50

效应幅度在教育科学、社会科学、医学等领域尤其受到关注，因为这些领域往往更关心不同的处理（treatment）会造成多大的差异，比如某种新型教学方法与传统方法相比在教学效果方面究竟会带来多大的区别。效应幅度值常被看作是衡量研究意义大小的标志，很多国际学术期刊早已要求论文作者在提供显著性（p 值）的同时也提供效应幅度值，只有效应幅度够大，研究才被认为足够重要，才有发表的价值（不过关于这一点也有很多批评意见，详见第十六章的讨论）。但长期以来我国外语界各种统计学教材和学术期刊论文中很少提到效应幅度，只有张少林（2009）、魏日宁（2012）和秦晓晴、毕劲（2015）[2]对此做了专门讨论。不过随着越来越多学者在国际学术期刊上发表定量研究论文，效应幅度会受到更多中国学者的重视。在后面各章的统计检验介绍中，编者将介绍相应的效应幅度及其计算方法。需要说明的是，一种统计检验可能不止一种效应幅度计算方式。

在设计量化研究实验时，样本容量、显著性水平、功效（power，指不犯 II 型错误的概率）、效应幅度这些方面非常关键，详见附录四。

1　Cohen, J. 1988. *Statistical Power Analysis for the Behavioral Sciences.* (2nd ed.). Hillsdale, N. J.: Lawrence Erlbaum.

2　文献具体信息请参见本书的"相关文献推荐"部分。

第八章　F 分布与方差齐性检验

最重要的统计检验需求之一是对两个或多个样本做比较，看其是否存在显著差异。其中对方差进行比较常常是某些检验如独立样本 t 检验、方差分析的重要基础。对方差的比较基于 F 分布（F-distribution），其中 F 是指该分布的提出者 Ronald A. Fisher。本章介绍 F 分布、F 检验和方差齐性检验的概念，而与此相关的独立样本 t 检验和方差分析见本书后面的相应章节。

8.1　F 分布

两个来自正态分布总体（可以是同一个总体，也可以是两个方差相同的总体）的样本的方差比值，称为 F 值：

$$F = \frac{s_1^2}{s_2^2}$$

F 值常表示为 F_α（df1，df2），其中 α 是显著性水平，df1 和 df2 是两个样本的自由度，顺序不能互换。计算时总是以较大的方差为分子，较小的方差为分母，所以 F 值总是大于 1。在同样自由度下抽取无限多个样本，计算出多个 F 值，那么这些 F 值构成 F 分布（图 8.1）；用不同自由度样本计算出来的 F 值所构成的分布的形状不同（图 8.2），构成一个曲线族。

F 分布是在零假设（总体呈正态分布，且两个样本均为随机样本）成立的情况下 F 值的分布。F 分布的概率密度曲线呈正偏态：

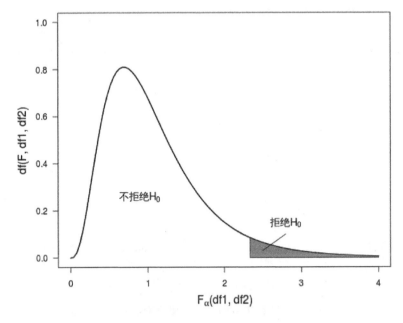

图 8.1　F 分布概率密度曲线的意义

　　图中横轴是零假设成立情况下的 F 值；纵轴是概率密度（probability density）；阴影部分是实际检验得出的 F 值大于 F_α (df1，df2) 的概率。如果在检验中两个样本的真实 F 值大于 F 关键值（critical value），则认为这两个样本的方差存在显著差异，否则认为二者具有方差齐性（见下文）。

　　F 分布概率密度曲线的形状取决于两个样本的自由度，自由度越大，越接近正态分布曲线的形状：

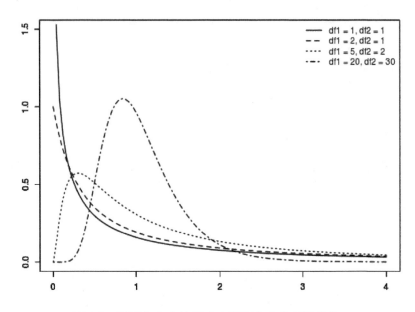

图 8.2　不同自由度的 F 分布概率密度曲线的形状

　　各类统计学手册后面都附有 F 分布表，用于查询特定的 alpha 和自由度下的 F 的关键值（critical value）。统计表中的关键值也称为"临界值"或"阈值"（threshold），是各类检验中的真实统计量如 F 值、t 值、卡方值等的比较对象。由于 F 分布涉及两个自由度，所以 F 分布表都很长，通常为了节省篇幅只标出 0.05 和 0.01 两个显著性水平上的关键值。

　　F 分布有两类主要应用，一是根据两个样本的自由度将实际的 F 值与相应自由度的 F 关键值进行比较，检验两个样本的方差是否相同，常用于独立样本 t 检验之前；另一类应用是方差分析（见后面的章节）。

8.2　方差齐性的 F 检验

　　上一章说过，很多情况下可通过样本的特征即各种统计量来推测该样本所在的总体的特征。如果两个独立样本的方差没有显著差异，我们称二者具有方差齐性或方差同质性（homogeneity of variance; homoscedasticity）。方差齐性检验也称方差同质性检验，就是通过样本的方差来推测总体方差是否一致。

　　F分布可用于方差齐性检验。这种检验的零假设是两个总体的方差相等或同质，即H_0: $\sigma_1^2 = \sigma_2^2$；备择假设则视情况分为两类，如果是双尾检验，则H_1: $\sigma_1^2 \neq \sigma_2^2$；如果是单尾检验，就是说这种比较具有方向性，即对两个方差孰大孰小有所期待，则H1: $\sigma_1^2 < \sigma_2^2$或者H_1: $\sigma_1^2 > \sigma_2^2$，不过这两种单尾检验的p值是相等的。假如显著性水平$\alpha = 0.05$，置信水平（confidence level）就是$1 - \alpha = 0.95$。因此显著性水平和置信水平都用于判断检验的显著性。

　　首先计算两个样本各自的方差，然后用较大者除以较小者，得到F统计值（F-statistic）。根据两个样本的自由度，从F分布表中查询显著性水平所对应的关键值，将F统计值与F关键值进行比较（如果两个自由度不都在表中，则根据最相近的自由度查看近似的关键值；在统计软件中可以计算准确的关键值）。如果F统计值大于关键值，则拒绝零假设，判定两个总体的方差不同质，或者说二者的差异具有统计上的显著性（statistical significance）；如果检验统计值小于或等于关键值，则不能拒绝零假设，两个总体的方差不同质，或者说其差异不具有显著性。不过在使用计算机做统计检验时，常根据p值做判断。

　　在R中基于样本来计算F值用 var.test() 命令。假设x和y分别是两个随机样本，$\alpha = 0.05$：

```
> x <- c(77,64,69,76,57,76,73,60,69,77,88,77,87,81,79,68,65,82,84,74,82,72,
+   68,68,72)
> y <- c(79,76,71,74,89,88,77,79,75,96,78,83,80,80,81,72,78,82,86,84,76,82,
+   91,92,80)
> var.test(x, y, conf.level = 0.95)


        F test to compare two variances

data:  x and y
F = 1.599, num df = 24, denom df = 24, p-value = 0.2573
alternative hypothesis: true ratio of variances is not equal to 1
95 percent confidence interval:
 0.704622 3.628535
sample estimates:
ratio of variances
         1.598983
```

计算结果中的 num df 和 denom df 分别是分子（numerator）和分母（denominator）的自由度，F（即后面的 sample estimates）就是计算出来的 F 值。显著性检验要根据 p 值或 F 检验值来做出判断。这里 p 值 0.2573 > 0.05，表示两个样本的方差没有显著区别，就是说具有方差齐性。要想知道在这两个自由度上 F 的关键值可用 qf() 命令，即计算 F 分布中置信水平对应的百分位：

```
> qf(.95, df1 = length(x), df2 = length(y))
[1] 1.98376
```

qf() 的第一个参数是置信水平。由于上面检验得出的 F 值 1.598983 小于关键值 1.98376，即落在非阴影区域（见图 8.1），所以两个样本的方差没有显著差异。

R 中的统计检验结果中大都有一个 alternative hypothesis 部分，清楚地提醒研究者本检验的备择假设（alternative hypothesis）是什么。要想在检验时指定是双尾检验还是单尾检验，需要将 alternative hypothesis 设为 two.sided（默认）、less、greater 之中的一个，如：

```
> var.test(x, y, conf.level = 0.95, alternative = "less")
```

这条命令的意思是说，本次 F 检验是单尾检验，以 F 统计值小于 F 关键值为备择假设。

需要注意的是，F 检验对非正态分布过于敏感，就是说如果检验中的总体不服从正态分布，或者两个样本的容量不相等，那么 F 检验可能无法准确判断方差的同质性；而且有文献表明，即使在样本容量相同的情况下，F 检验的判断也不够准确，这意味着在独立样本 t 检验（见下一章）中使用 F 检验来判断 t 检验是否适用也不够可靠。

8.3　方差齐性的 Levene 检验

方差齐性的 Levene 检验（Levene's Test for Homogeneity of Variance）常用于各类均值比较例如 t 检验和方差分析中。Levene 检验的统计量称为 W（公式略），在 R 中用 car 包中的 leveneTest() 命令计算，该命令的第一个参数是观察数据，可将两个样本的数据连接起来构成向量；第二个参数是分组方式（因子变量），即这些数值所属的分组，所以可以先像下面这样处理数据：

```
> x <- c(77,64,69,76,57,76,73,60,69,77,88,77,87,81,79,68,65,82,84,74,
+   82,72,68,68,72)
> y <- c(79,76,71,74,89,88,77,79,75,96,78,83,80,80,81,72,78,82,86,84,
+   76,82,91,92,80)
> dat <- c(x,y)
> grp <- as.factor(c(rep("x",length(x)), rep("y",length(y))))
```

这种处理方式在后面的一些章节中经常用到，意思是先将 x 和 y 连接成一个向量（这里取名为 dat），然后设立一个分类变量（这里取名为 grp），该变量是将 x 和 y 这两个名称各自重复多次，次数就是 x 和 y 各自的水平数，再将其连接起来，然后转换为因子变量；这样 dat 是观察数据，grp 是每个数据相应的分组标志，相当于下表：

表 8.1 方差齐性检验中的一种数据整理方式

dat	grp
77	x
64	x
...	x
79	y
76	y
...	y

leveneTest() 的用法如下：

```
> library(car)
> leveneTest(dat, grp)
Levene's Test for Homogeneity of Variance (center = median)
      Df F value Pr(>F)
group  1  1.8313 0.1823
      48
```

如果 p 值等于或大于显著性水平（如 0.05），则表明两个方差没有显著差异，即样本具有方差齐性，就可以继续进行 t 检验或方差分析；如果 p 值小于显著性水平（如 0.05），则拒绝方差齐性的零假设，需要对 t 检验的方法做一些调整，或采用不假设方差齐性的检验方法甚至非参数检验。上例中 p 值 0.1823 > 0.05，表明两个样本具有方差齐性。

第九章　t 检验

t 检验（t-test）的全名是学生 t 检验（student's t-test），用于对两个均值做比较，看二者是否有显著差异。这种检验用得特别广泛，在语言教学领域也用得非常多。t 检验分为三种类型，即独立样本 t 检验、配对样本 t 检验、单样本 t 检验。t 检验是一种参数检验，假设样本呈正态分布。以下先简要介绍 t 分布，然后逐一介绍各类检验的实现方法。

9.1　t 分布

样本大小都是有限的，但我们经常用有限的样本对总体进行估测。正态分布是基于大样本，而 t 分布（t-distribution）描述的是样本比较小、总体标准差未知的情况下分布的概率密度。t 值的计算方式如下：

$$t = \frac{\overline{X} - \mu}{s/\sqrt{n}}$$

公式中 s 是样本的标准差，n 是样本大小，公式中的分母是样本的标准误；分子是样本均值与总体均值之差，因此 t 值的平均值是在 0 的上下。这个公式与本章后面介绍的单样本 t 检验的公式相同，单样本 t 检验正是对样本均值与总体均值的比较。

t 分布曲线的形状与标准正态分布曲线很像，也是左右对称，呈钟形，不过 t 分布曲线两侧"尾部"的厚度大于正态曲线，就是说 t 分布中远离均值的数值更多一些，这是小样本的特征；但随着自由度的增大（即样本容量增大），t 分布曲线越来越接近正态分布曲线，当自由度为正无限大时二者是相同的。下图将多个 t 分布曲线与标准正态分布（U distribution）曲线做比较，其中实线是标准正态分布曲线：

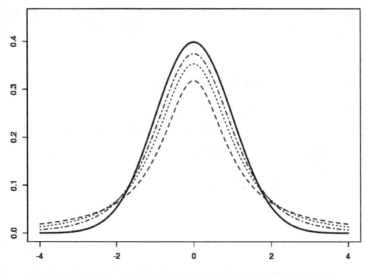

图 9.1　不同自由度的 t 分布与标准正态分布的形状比较

9.2　独立样本 t 检验

　　所谓独立样本（independent samples）是指互相没有任何关联的两个样本，意思是说一个样本的抽样与另一样本的抽样完全无关。独立样本 t 检验的目的是比较两个相互独立的样本，看它们是否来自同一个总体，也可以说是看二者有没有显著差异。在语言教学领域，其常见的应用是比较两个班学生成绩有没有显著的不同。做独立样本 t 检验之前必须先看两个分布是否具有方差齐性（homogeneity of variance），视结果不同，t 值的计算方法有所区别。如果无法假设两个分布具有方差齐性，这种 t 检验称为 Welch's t-test。如果检验结果有统计上的显著差异，则还要计算效应幅度（effect size），详见第 7.9 节。以下是独立样本 t 检验计算公式。前者为有方差齐性的计算公式，后者为无方差齐性的计算公式。

$$t = \frac{\overline{X}_1 - \overline{X}_2}{\sqrt{\dfrac{(n_1-1)s_1^2 + (n_2-1)s_2^2}{(n_1-1)+(n_2-1)}\left(\dfrac{1}{n_1}+\dfrac{1}{n_2}\right)}}$$

$$t = \frac{\overline{X}_1 - \overline{X}_2}{\sqrt{\dfrac{s_1^2}{n_1} + \dfrac{s_2^2}{n_2}}}$$

案例：两个班的学生都进行了某次测试，现希望比较这两个班学生的测试成绩是否存在显著差异。

步骤：首先录入原始分数，x 和 y 分别代表两个班的成绩：

```
> x <- c(77,64,69,76,57,76,73,60,69,77,88,77,87,81,79,68,65,82,84,74,
+   82,72,68,68,72)
> y <- c(79,76,71,74,89,88,77,79,75,96,78,83,80,80,81,72,78,82,86,84,
+   76,82,91,92,80)
```

第一步：方差齐性检验，这里用 Levene's Test 方法。首先整理数据：

```
> scores <- c(x, y)
> group <- as.factor(c(rep(1,length(x)),rep(2,length(y))))
```

以上第一行命令表示将两组分数连接起来构成一个数值向量 scores；第二行命令先将两组中每个数值标识为组号 1 和 2，再连接在一起组成因子向量 group。注意两次连接的顺序必须相同。第二行中的 rep() 命令的作用是将其第一个参数按第二个参数指定的次数重复。

接下来就以这两个向量为参数做 Levene 方差齐性检验：

```
> library(car)
> leveneTest(scores, group)
Levene's Test for Homogeneity of Variance (center = median)
      Df F value Pr(>F)
group  1  1.8313 0.1823
      48
```

p 值 0.1823 > 0.05，两组的方差没有显著差异，即有方差齐性。

第二步：t 检验，用 t.test() 命令，以两组分数为参数：

```
> t.test(x, y,
+     paired = FALSE,         # 不是配对样本
+     var.equal = TRUE)       # 方差齐性

        Two Sample t-test

data:  x and y
t = -3.6104, df = 48, p-value = 0.0007285
alternative hypothesis: true difference in means is not equal to 0
95 percent confidence interval:
 -11.458737  -3.261263
sample estimates:
mean of x mean of y
   73.80     81.16
```

解读：p 值 0.0007285 < 0.05，可判断两组数据在 0.95 置信水平上存在显著差异。（注：如果经检验两个组不具有方差齐性，则要在 t.test() 命令中设置 var.equal = F，做 Welch 双样本 t 检验）

第三步：既然两组存在显著差异，接下来计算效应幅度，即两组的差异究竟有多大。计算 t 检验的效应幅度一般用 Cohen's d，其计算公式为：

$$d = \frac{\overline{X}_1 - \overline{X}_2}{\sqrt{\dfrac{(n_1-1)s_1^2 + (n_2-1)s_2^2}{(n_1-1) + (n_2-1)}}}$$

公式中的分母称为合并标准差（pooled standard deviation）。其中 n_1-1 和 n_2-1 分别是两个样本的自由度，显然当两个自由度相等时，公式可做简化。根据公式，d 可能为负数，但一般取其绝对值。

对独立样本 t 检验计算效应幅度，在 R 中可用 powerAnalysis 包的 ES.t.two() 命令，该命令有六个重要参数，对上例来说：

```
> library(powerAnalysis)
> ES.t.two(
+   m1 = mean(x), m2 = mean(y),        # 两样本各自的均值
+   sd1 = sd(x), sd2 = sd(y),          # 各自的标准差
+   n1 = length(x), n2 = length(y))    # 各自的容量（数值个数）


   effect size (Cohen's d) of independent two-sample t test


             d = 1.021189

   alternative = two.sided


NOTE: The alternative hypothesis is m1 != m2
small effect size：d = 0.2
medium effect size：d = 0.5
large effect size：d = 0.8
```

　　解读：d 值为 1.021189，比较结果中给出的参考值，效应幅度可解读为 very large（注意 d 值可能大于 1）。

　　附：Jacob Cohen 列出的各种效应幅度参考值（另见第 7.9 节）：

表 9.1　各种统计检验的效应幅度参考值

统计检验	效应幅度	参考值		
		小（small）	中（medium）	大（large）
t 检验	d	0.20	0.50	0.80
方差分析	f	0.10	0.25	0.40
线性模型	f2	0.02	0.15	0.35
比例检验	h	0.20	0.50	0.80
卡方检验	w	0.10	0.30	0.50

9.3 配对样本 t 检验

配对样本 t 检验（paired-samples t-test）也是检验两组数据是否有显著差异，其中两组数据是同一组样本的两次测量结果，或者是两组有配对关系的样本（见下文）。两组的数值个数必须相同，且顺序必须一致。配对样本 t 检验的过程，是将两组分数中的每个配对数值相减，如 A1–B1、A2–B2 等，这样得到的分差构成一个新的样本 D，显然 D 的容量与 A 或 B 都是相等的；下面的配对样本 t 检验计算公式中 X_D 和 s_D 分别是 D 的均值和标准差，N 是样本容量：

$$t = \frac{X_D}{s_D / \sqrt{N}}$$

案例：下面列举一个教学实验的例子。假设给某班学生做了一种特别训练，将训练前后的两次测试（pretest，posttest）成绩做比较，看是否有显著差异。这属于单样本重复测试，用 t.test() 命令，要加上 paired = TRUE 参数。

步骤：首先录入原始数据，将两次测试成绩分别命名为 pretest 和 posttest：

```
> pretest <- c(76,78,55,66,65,63,68,57,77,76,58,60,69,76,64,63,56,78,
+    79,74,59,62,66,67,65,69,65,72,70,77,78,59)
> posttest <- c(78,82,69,84,67,69,71,68,86,71,80,86,68,71,75,82,76,79,
+    77,85,78,77,68,70,82,71,75,71,80,71,71,75)
> t.test(pretest, posttest, paired = TRUE)


        Paired t-test

data:  pretest and posttest
t = -4.7921, df = 31, p-value = 3.894e-05
alternative hypothesis: true difference in means is not equal to 0
95 percent confidence interval:
 -10.959291  -4.415709
sample estimates:
mean of the differences
             -7.6875
```

解读：p 值 3.894e-05 ＜ 0.05（注：R 常使用科学计数法），表明两次测试成绩在 0.95 置信水平上存在显著差异。

由于两组数据之间存在显著差异，下一步计算效应幅度。这里要用 ES.t.paired() 命令，参数 md（mean difference）是样本的分差所构成的样本 D 的均值；sd 是 D 的标准差；n 是样本的容量。

```
# 配对样本 t 检验效应幅度：用 powerAnalysis 包中的 ES.t.paired()
> library(powerAnalysis)
> ES.t.paired(
+   md = mean(posttest - pretest),
+   sd = sd(posttest - pretest),
+   n = length(pretest))

    effect size (Cohen's d) of paired two-sample t test

            d = 0.8471322

    alternative = two.sided

NOTE: The alternative hypothesis is md != 0
small effect size:  d = 0.2
medium effect size: d = 0.5
large effect size:  d = 0.8
```

d 值为 0.8471322，比较结果中给出的参考值，效应幅度为 large。

注意：本例中虽然在计算 md 和 sd 时是基于 posttest–pretest，但由于是双侧检验，所以如果是基于 pretest–posttest 来计算，结果也是一样的。如果在 ES.t.two() 命令中加 alternative="one.sided" 参数，则 d 值会是相应的负数。

注：另见第十一章中的威尔柯克斯配对样本检验。

9.4 单样本 t 检验

单样本 t 检验是将单个样本的均值与已知的总体均值做比较，看该样本是否来自这个总体，或者说这个样本的均值与总体均值有没有显著差异。这种检验要求研究者知道总体的均值，并且总体呈正态分布。其计算公式如下：

$$t = \frac{\overline{X} - \mu_0}{s/\sqrt{N}}$$

其中 μ_0 是总体均值，s 是样本标准差，N 是样本容量。

前面第 6.3.2 小节所说的 T 分数，实际上相当于将上述公式（其中 N 只有一个水平）做了个变换，只是将公式中的 t 换成 Z 分数，然后将 s 和 μ 设定为固定值，再按公式逆推出"原始分数"；建议读者自行检验。

案例：在全国专业英语四级（TEM4）考试后，已经知道了全国平均分（population mean）是 68.2，现在想了解某个班的专业四级成绩（score）是否与全国平均成绩有显著差异。

步骤：先录入数据，这里将该班成绩命名为 score：

```
> score <- c(79,64,69,76,57,76,73,60,69,77,88,77,87,81,79,68,65,82,84,
+   74,82,72,68,68,72)
> population.mean <- 68.2
> t.test(scores, mu = population.mean)


        One Sample t-test

data: scores
t = 3.5332, df = 24, p-value = 0.001697
alternative hypothesis: true mean is not equal to 68.2
95 percent confidence interval:
 70.56206 77.19794
sample estimates:
mean of x
    73.88
```

解读：p 值 0.001697 < 0.05，表明在 0.95 置信水平上该班的成绩与全国平均成绩有显著不同。

由于样本均值与总体均值有显著差异，接下来要计算效应幅度 Cohen's d，用 **ES.t.one()** 命令，其中参数 sd 是样本的标准差，mu 是已知的总体均值：

```
> library(powerAnalysis)
> ES.t.one(m = mean(score), sd = sd(score), mu = population.mean)

    effect size (Cohen's d) of one-sample t test

              d = 0.7066404

    alternative = two.sided

NOTE: The alternative hypothesis is m != mu
small effect size: d = 0.2
medium effect size: d = 0.5
large effect size: d = 0.8
```

解读：d 值为 0.7066404，对照结果中给出的参考值，效应幅度为 medium。

另外对 t 检验计算效应幅度除了 Cohen's d 也有其他方法，参见魏日宁（2012）。

9.5　习题

习题 1

某外语系在 A、B 两个教学班做一个教学方法对比实验，实验开始之前需要确认两个班的英语水平起点相同；通过某综合水平测试得到了以下两组成绩，怎样检验两个班起点是否一致？

A 班：82 75 87 90 87 88 83 83 91 89 79 84 82 80 88 81 84 83 81 82 84 81 72 82 86

B 班：86 82 77 87 83 90 84 88 89 89 93 74 81 87 83 88 82 79 86 85 84 92 81 83 84

习题 2

在上面的实验中，B 班经过一轮新型方法的教学，再次通过综合水平测试得到如下成绩（成绩顺序与上一题中的相同），怎样检验该班成绩与此前相比是否有显著进步？

B 班（后测）：88 86 79 84 86 89 87 89 83 92 94 79 83 85 89 88 85 77 87 90 85 94 85 82 88

习题3

某幼儿园园长觉得本园孩子们的身高似乎有些矮，有一些担心。于是测量了园内所有孩子的身高数据（可向编者 <arthur0421@163.com> 发邮件索要相关数据），并从国家有关部门那里知道了全国幼儿园孩子的平均身高是 102 厘米。怎样检验本园的孩子们的身高是否偏矮？

第十章 方差分析

10.1 方差分析的基本概念与分类

方差分析也是一种用于均值比较的显著性检验。

从第九章可以看出，t检验只能对两个均值进行比较。如果比较的是三个以上样本，虽然可以用t检验做两两比较，但是要做很多次检验；另外我们经常需要同时比较多个组或多个因素，这样就需要交叉分组，计算量更大；更重要的是，检验次数太多会造成严重问题，假如每次t检验设定的alpha水平都是0.05，等于说检验出错的概率是0.05，那么三次检验出错的概率加在一起就变成了0.15，检验次数越多，犯I型错误（错误地夸大显著性）的概率就越大。如果有一种统计检验，只设定一个总体的alpha，就能对多组进行比较，那就可以把这种出错的概率降到最低。方差分析（analysis of variance; ANOVA）就能做到这一点，它是对t检验的拓展，属于参数检验，有如下假定：总体的分布是正态分布；各样本是独立样本；各组的方差一致。

根据零假设，来自同一总体的多个随机样本的方差相等，均值也相等，而且样本和总体的参数也是一致的。但实际上差异总是存在，一方面每个样本都会有抽样误差，这称为组内差异（within-group variance）；另一方面组与组之间也总是存在差异，这种组间差异（between-group variance）是系统性的，因为各组的自变量差异是已知的（分组本来就不同）。差异可能由多个因素（可以理解为维度）所导致，比方说学生的成绩随着性别、年级、专业、学习习惯等因素而有差异，在方差分析中常根据研究设计对要考察的多个因素进行交叉分组再进行比较，从而找出是哪个主要因素导致差异，以及各因素之间的交互作用是怎样的。

组间分析中如果分组方式只有一种，这种方差分析称为单因素方差分析（one-way ANOVA），例如对三个平行班的学生成绩进行比较，这里就是以班别为唯一的因素（自变量）；如果有两种分组方式，则称为双因素方差分析（two-way ANOVA），例如将病人按性别和年龄段两个因素进行交叉分组，以考察某种治疗手段的有效性；要想同时考察更多的因素，就需要做多因素方差分析（multivariate analysis of variance，MANOVA）。但是要考察的因素越多，分析的复杂性和难度显然也就越大，分析结果也就越难解释，所以在实践中一般尽量控制影响因素的数量。这里只介绍单因素方差分析和双因素方差分析及其在 R 中的实现。

在有的研究设计中，受试参与两次或多次测量，研究者比较各次测量的均值之间的差异，这称为重复测试（repeated-measures）方差分析。

在实际研究中，经常同时包括组内比较和组间比较；在重复测试类型中更是如此。

10.2 单因素组间方差分析

方差分析的统计量是 F 值。第八章中提到，F 值是被比较的两个样本的方差的商。那么既然方差分析的对象是多个组，F 值要根据哪两个方差来计算呢？这需要先解释几个概念。

在方差分析中，观察值的差异被分成两部分，一是组内差异，二是组间差异，二者相加则是全部数据的总体差异；方差分析的目的是找出组间差异，而组内差异被称为"残差"（residual），也就是剩余的差异。差异用离差平方和（sum of squares，SS）表示，即 $\sum (X-mean)^2$，也就是方差计算公式中的分子部分。这里我们用 SS_b 表示组间离差平方和，用 SS_w 表示组内离差平方和；总体离差平方和表示为 SS_T。

$$SS_b = \frac{(\sum X_1)^2}{n_1} + \frac{(\sum X_2)^2}{n_2} + ... + \frac{(\sum X_k)^2}{n_k} - \frac{(\sum X)^2}{N}$$

$$SS_T = \sum X^2 - \frac{(\sum X)^2}{N}$$

这两个公式的最后一项相同，称为"修正因素"或"校正因子"（correction factor），是全部数值总和的平方与数值总个数的商，也可以理解为全部数值的总和与全部数值的平均值的乘积。

这些数值以及其他数值的关系如下：

$SS_T = SS_b + SS_w$

$MS_b = SS_b / df_b = SS_b / (N_b-1)$

$MS_w = SS_w / df_w = SS_w / (N_w-1)$

$F = MS_b / MS_w$

MS_b 和 MS_w 分别称为组间均方和组内均方，F 就是二者的比值；最后按照自由度 df_b 和 df_w 在 F 分布表中查关键值。这个计算过程相当烦琐，尤其在组数很多的情况下更麻烦，所以现在一般都用统计软件来计算。所有统计软件的方差分析计算结果中都会将上面这些重要的数值列出，只是形式各异。

另外，如果方差分析的结果显示组间存在显著差异，这只是总体分析，而我们一般还希望了解究竟是哪些组之间存在显著差异，这就需要做事后（post hoc）多重比较（pairwise/multiple comparisons）才能知道，也就是对各分组做一一比较，最后再计算效应幅度。

这里用第五章提到过的 fourclasses.csv 数据来演示如何在 R 中做单因素方差分析。该数据是四个班的成绩，这里用方差分析方法检验这几个班的成绩是否存在显著差异，在这里班别就是单一因素（自变量），成绩是唯一的因变量；换个角度看，分析的目的是看成绩是否随着班别而有明显不同。这类分析测量的是多个独立样本之间的组间差异。

首先读入数据：

```
> dat <- read.csv("fourclasses.csv", header = T)
```

这个数据表共四列，代表四个班，各列的名称分别是 a、b、c、d。先将该表转换成由两个变量组成的表，第一个变量是班别 classes，是因子变量；第二个变量是学生成绩 scores，是连续数值变量。为清晰起见我们给四列取个短名称：

```
> a <- dat$a
> b <- dat$b
> c <- dat$c
> d <- dat$d
```

classes 由 a、b、c、d 四个名称各自重复多次（次数为各组非零数值的个数）连起来组成；scores 由各组非零数值连起来组成：

```
> classes <- c(
+   rep("a", length(a[!is.na(a)])),
+   rep("b", length(b[!is.na(b)])),
+   rep("c", length(c[!is.na(c)])),
+   rep("d", length(d[!is.na(d)])))
> scores <- c(
+   a[!is.na(a)],
+   b[!is.na(b)],
+   c[!is.na(c)],
+   d[!is.na(d)])
```

这样就转换成了下面这样的结构：

```
> classes = c("a", "a", ..., "b", "b", ..., "c", "c", ...,
+   "d", "d", ...)
> scores = c(78, 90, ..., 88, 86, ..., 66, 74, ..., 78, 82, ...)
```

单因素方差分析用 aov( ) 命令，参数是由因变量、波浪号（~）、自变量组成的一个分析公式（formula）：

```
> analysis <- aov(scores ~ classes)
> summary(analysis)
            Df Sum Sq Mean Sq F value  Pr(>F)
classes      3   2526   842.2   17.58 1.68e-09 ***
Residuals  118   5652    47.9


---
Signif. codes:  0 "***" 0.001 "**" 0.01 "*" 0.05 "." 0.1 " " 1
```

在以上结果中，classes 是数据中的范畴变量（分组方式），Residuals 是指组内差异的残差；Df 是自由度；Sum Sq 就是离差平方和（sum of squares）；Mean Sq 即均方（mean of squares）；F value 是两个均方的商，是 F 检验（F test）得出的统计量，称为 F 值。结果中给出的 p 值 1.68e-09 < 0.05，表明各组

在 0.95 置信水平上存在显著差异。但究竟是哪些组间存在显著差异，还要做两两比较。

ANOVA 的事后检验有多种方法，区别并不大，这里介绍其中两种。

方法一：Scheffe Test，可用 DescTools 包中的 `ScheffeTest()` 命令。

```
> install.packages("DescTools")
> library(DescTools)
> ScheffeTest(analysis)          # 该命令以方差分析结果为参数


  Posthoc multiple comparisons of means : Scheffe Test
    95% family-wise confidence level


$classes
           diff      lwr.ci     upr.ci    pval
b-a   -2.586207   -7.741292   2.568878 0.56911
c-a  -12.137931  -17.170744  -7.105118 1.3e-08 ***
d-a   -4.731681   -9.764494   0.301132 0.07405 .
c-b   -9.551724  -14.584537  -4.518911 9.5e-06 ***
d-b   -2.145474   -7.178287   2.887339 0.69175
d-c    7.406250    2.498755  12.313745 0.00067 ***


---
Signif. codes:  0 "***" 0.001 "**" 0.01 "*" 0.05 "." 0.1 " " 1
```

从结果中可以看出，是 c-a 之间、c-b 之间、d-c 之间存在显著差异。下面可以用这一多重检验结果制图：

```
> plot(ScheffeTest(analysis), las = 1)
```

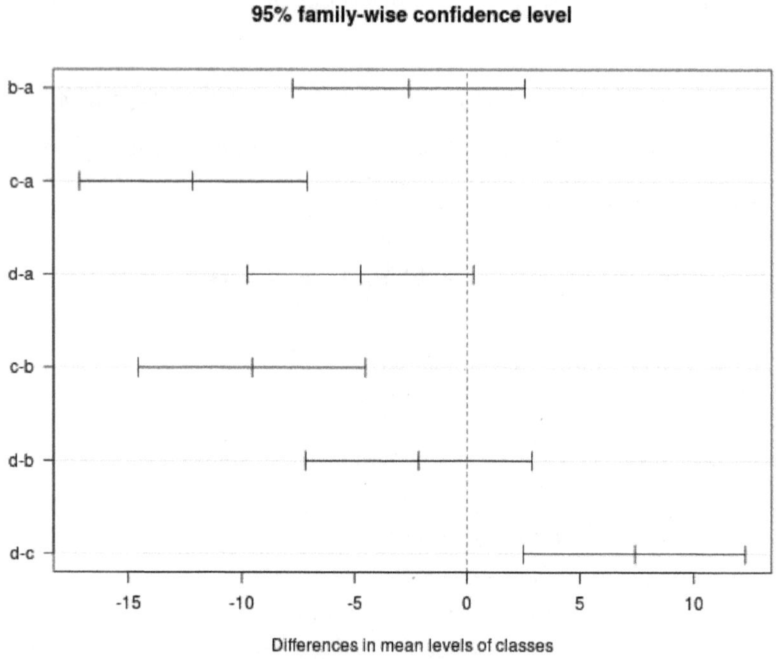

95% family-wise confidence level

图 10.1　对 ScheffeTest 结果的 plot 制图

　　置信区间越远离均值 0，两组的差异越显著。图中可见 c-a、c-b 和 d-c 三个检验差异显著；d-a 的比较置信区间处于临界水平。

　　方法二：Tukey HSD（全称是 Tukey Honest Significant Difference）检验，这个命令在 stats 这个基础包中，不用特别加载。

```
> TukeyHSD(analysis)          # 以方差分析结果为参数；默认置信水平是 0.95

  Tukey multiple comparisons of means
    95% family-wise confidence level

Fit: aov(formula = scores ~ classes)

$classes
            diff        lwr        upr      p adj
b-a   -2.586207   -7.322809  2.1503954 0.4876761
c-a  -12.137931  -16.762187 -7.5136752 0.0000000
```

```
d-a   -4.731681  -9.355937  -0.1074252 0.0428057
c-b   -9.551724 -14.175980  -4.9274683 0.0000022
d-b   -2.145474  -6.769730   2.4787817 0.6223317
d-c    7.406250   2.897139  11.9153611 0.0002213
```

四对检验（c-a、d-a、c-b、d-c）的 p 值小于 0.05，其中 d-a 处于临界状态。下面也可以用这一多重检验结果制图：

```
> plot(TukeyHSD(analysis), las = 1)
```

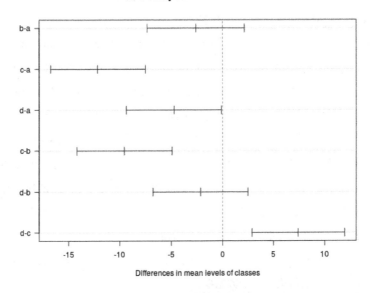

图 10.2　对 TukeyHSD 检验结果的 plot 制图

由于方差分析的整体结果是组间存在显著差异，接下来计算效应幅度 η^2（eta squared），用 DescTools 包中的 `EtaSq()` 命令：

```
> library(DescTools)
> EtaSq(analysis, type = 2, anova = FALSE)
        eta.sq eta.sq.part
classes 0.3089052   0.3089052
```

解读：eta squared 值为 0.3089052（范围是 0 到 1），效应幅度为 small，就是说这四个班之间的差异比较有限。

10.3　单因素重复测试方差分析

重复测试方差分析（repeated-measures ANOVA）的检验对象不是相互独立的多个样本，而是同一样本的多次测量数据，考察的是组内差异。重复测试方差分析考察的可以是单一因素，如在纵向研究（longitudinal study，也译纵贯研究）中对同一组学生进行多次测试以观察其某个方面的变化；也可考察两个因素，采用双因素重复测试方差分析（bivariate/two-way repeated-measures ANOVA）；考察多个因素时要用多因素重复测试方差分析（multivariate/multi-way repeated-measures ANOVA）。本节介绍单因素重复测试（组内）方差分析。

本例是对同一组大学生分三次做的词汇量测试，采用百分制计算成绩；相邻两次测试之间的时间跨度为一年，目的是考察这些学生的词汇量在三年中是否发生了显著变化。需要注意的是，各次测试必须是基于同一种测量标准，否则不具有可比性，方差分析也就失去了意义；另外各次测试的分数个数必须一致。由于在教学实践中一般不会对同一组学生多次使用同一套测试题，所以为使这种研究有意义，各次测试所用的量表必须经过科学设计。在 R 中实现重复测试方差分析有多种方案，以下是其中一种：

第一步：数据与变量整理，以三次测试成绩为数据列，各列标识为 1、2、3（分组因子），从而构成一个数据框。

```
> mydata <- data.frame(
+   test1 <- c(70,79,73,78,82,77,77,85,75,71),
+   test2 <- c(76,82,81,88,89,85,83,87,82,78),
+   test3 <- c(79,85,85,89,91,89,90,92,88,87))
> myFactors <- as.factor(c(1,2,3))        # 分三次测试
> myFrame <- data.frame(myFactors)        # 创建一个数据框
> myBind <- cbind(test1, test2, test3)    # 将数据绑定到列
```

第二步：建立回归模型。

```
> myModel <- lm(myBind ~ 1)
```

第三步：方差分析，用 car 包中的 Anova() 命令，需要三个参数，第一个是回归模型，即上面建立的模型 myModel；第二个是 idata，即原始数据，以上面建立的数据框为值；第三个是 idesign，以一个波浪号（~）和上面建立的因子为值，表示按 myFactors 分组：

```
> library(car)
> myAnalysis <- Anova(myModel, idata = myFrame, idesign = ~myFactors)
Note: model has only an intercept; equivalent type-III tests
substituted.
```

用 summary() 列出分析结果，选项 multivariate = F 表示本检验并非多因素检验，univariate = T 表示本检验是单因素检验：

```
> summary(myAnalysis, multivariate = F, univariate = T)

Univariate Type III Repeated-Measures ANOVA Assuming Sphericity

            Sum Sq num Df Error SS den Df  F value     Pr(>F)
(Intercept) 203858      1   425.37      9 4313.264 2.221e-13 ***
myFactors      590      2    62.13     18   85.442 6.482e-10 ***
---
Signif. codes:  0 "***" 0.001 "**" 0.01 "*" 0.05 "." 0.1 " " 1


Mauchly Tests for Sphericity

          Test statistic p-value
myFactors        0.88029 0.60048


Greenhouse-Geisser and Huynh-Feldt Corrections
 for Departure from Sphericity
```

```
            GG eps  Pr(>F[GG])
myFactors 0.89309  4.653e-09 ***
---
Signif. codes:  0 "***" 0.001 "**" 0.01 "*" 0.05 "." 0.1 " " 1


            HF eps   Pr(>F[HF])
myFactors 1.099399 6.481769e-10
Warning message:
In summary.Anova.mlm(myAnalysis, multivariate = F, univariate = T) :
  HF eps > 1 treated as 1
```

解读：p 值（myFactors 部分）6.482e-10 < 0.05，表明在各分类（myFactors）间在 0.95 显著性水平上存在差异，即这组学生三次测试的成绩有显著差异。Mauchly 球形检验（Mauchly's test for sphericity）是重复测试方差分析的先决条件，要求每个受试的多次测试分数的所有分差的方差均相等。如果不能满足这一条件，则方差分析结果会被扭曲，需要做校正。由于上面结果中 Mauchly 检验的 p 值 0.60048 > 0.05，不能拒绝各方差相等的假设，就是说数据符合做重复测试方差分析的条件，所以这里就不用考虑校正后的结果了。

10.4 双因素组间方差分析

现实中往往有两个以上因素共同对某个事件产生影响。双因素方差分析是多因素方差分析的一个特例，是在两个因素的不同水平上比较方差是否相等，从而揭示出这两个因素与因变量之间的关系。检验中有两个自变量、一个因变量，而两个自变量又各自分为多个水平（level）。两个自变量各自对因变量产生的影响，称为主效应（main effect）；同时两个自变量之间也可能存在交互作用，就是说某些情况下其共同变化的不同组合对因变量产生不同影响，这种影响称为交互效应（interaction effect）。

下面的数据来自秦晓晴（2003）[1]，考察的是对阅读材料主题的熟悉程度（记

---

1 文献具体信息请参见本书的"相关文献推荐"部分。

为 topic）和阅读材料的生词密度（记为 newword）这两个因素如何影响学生的阅读理解成绩（该变量记为 reading）。这里 topic 是因子变量，分"熟悉"和"不熟悉"两个水平；newword 也是因子变量，有三个水平，从 1 到 3 分别表示 5∶1、10∶1 和 15∶1 三个生词密度；而 reading 是连续变量。本例中两个自变量反映的都是独立样本的组间差异。

第一步：录入数据（也可以从 CSV 数据表导入以避免出错），注意录入方式：各自变量和因变量各占一列，各个变量的每个水平都代表一个观察个体（受试）。本例中第 1 个受试在 topic 维度上取值为 1，在 newword 维度上取值是 1，在 reading 维度上取值是 3；每个受试的三个观察值都必须一一对应。

```
> mydata <- data.frame(
+   topic   <- c(1,1,1,1,1,1,1,1,1,1,1,1,2,2,2,2,2,2,2,2,2,2,2,2),
+   newword <- c(1,1,1,1,2,2,2,2,3,3,3,3,1,1,1,1,2,2,2,2,3,3,3,3),
+   reading <- c(3,6,4,3,4,6,4,2,5,7,5,2,4,5,3,3,8,9,8,7,12,13,12,11))
```

第二步：处理变量类型，将 topic 和 newword 都转为因子变量。由于因子用于分类，不允许重复值，所以需要提取数据表中的不重复项，如 topic 只保留 1、2 两个不重复值，newword 只保留 1、2、3：

```
> topic <- factor(topic, levels = unique(topic))
> newword <- factor(newword, levels = unique(newword))
```

factor() 命令中 levels 参数的作用是指定该因子有哪些水平；unique() 命令的作用是提取其参数中的不重复项。

第三步：做方差齐性检验。用 car 包中的 leveneTest() 命令，第一个参数是因变量 reading，然后是波浪号（~），最后是用星号（*）连接起来的自变量名称，表示按这两个因子交叉分组：

```
> library(car)
> leveneTest(reading ~ topic * newword)
Levene's Test for Homogeneity of Variance (center = median)
      Df F value Pr(>F)
group  5     0.4 0.8424
      18
```

解读：p 值 0.8424 > 0.05，表示各组方差在 0.95 置信水平上无显著差异，亦即方差齐性。

第四步：建立多元线性回归（见第十二章）模型，其中自变量除两个因子变量外，还包括其交互影响（topic * newword）：

```
> model <- lm(reading ~ topic + newword + topic * newword, data = mydata)
> summary(model)

Call:
lm(formula = reading ~ topic + newword + topic * newword,
    data = mydata)

Residuals:
    Min      1Q  Median      3Q     Max
-2.7500 -0.8125  0.0000  0.4375  2.2500

Coefficients:
                 Estimate Std. Error t value Pr(>|t|)
(Intercept)     4.000e+00  6.821e-01   5.864 1.49e-05 ***
topic2         -2.500e-01  9.647e-01  -0.259  0.79845
newword2        7.211e-16  9.647e-01   0.000  1.00000
newword3        7.500e-01  9.647e-01   0.777  0.44697
topic2:newword2 4.250e+00  1.364e+00   3.115  0.00598 **
topic2:newword3 7.500e+00  1.364e+00   5.498 3.20e-05 ***
---
Signif. codes:  0 "***" 0.001 "**" 0.01 "*" 0.05 "." 0.1 " " 1

Residual standard error: 1.364 on 18 degrees of freedom
Multiple R-squared:  0.867,      Adjusted R-squared:  0.83
F-statistic: 23.46 on 5 and 18 DF,  p-value: 2.657e-07
```

解读：结果中的修正 R-squared 值（Adjusted R-squared）为 0.83，表示上述回归模型可以解释阅读成绩 83% 的差异。

第五步：做方差分析，这里用 car 包中的 Anova() 函数，以上面得到的回归模型 model 为参数：

```
> library(car)
> my.analysis <- Anova(model, test.statistic = "F", type = 2)
> my.analysis
Analysis of Deviance Table (Type II tests)


Response: reading
Error estimate based on Pearson residuals


               Sum Sq Df F value    Pr(>F)
topic          80.667  1 43.343 3.488e-06 ***
newword        81.083  2 21.784 1.561e-05 ***
topic:newword  56.583  2 15.201  0.000136 ***
Residuals      33.500 18
---
Signif. codes:  0 "***" 0.001 "**" 0.01 "*" 0.05 "." 0.1 " " 1
```

解读：topic 和 newword 这两个自变量的主效应 p 值都达到了显著水平，说明对题材的熟悉程度和阅读材料的生词密度都对阅读成绩产生显著影响；同时这两个因素的交互效应 topic:newword 也有显著意义，就是说这两个因素的不同组合也可能导致阅读成绩出现差异。

第六步：事后多重检验，这里用 ScheffeTest() 命令，以 aov() 方差分析结果为参数，注意不能用 my.analysis，因为 my.analysis 是用另一个命令 Anova() 计算的，结果的形式不同（属于不同对象类型）：

```
> library(DescTools)
> ScheffeTest(aov(model))


  Posthoc multiple comparisons of means : Scheffe Test
    95% family-wise confidence level


$topic
        diff    lwr.ci   upr.ci    pval
2-1 3.666667 1.592904 5.740429 0.00025 ***
```

```
$newword
      diff     lwr.ci  upr.ci    pval
2-1 2.125 -0.4148297 4.66483 0.13714
3-1 4.500  1.9601703 7.03983 0.00025 ***
3-2 2.375 -0.1648297 4.91483 0.07567 .


$`topic:newword`
                  diff        lwr.ci      upr.ci      pval
2:1-1:1 -2.500000e-01 -3.8418616  3.3418616 0.9999
1:2-1:1  8.881784e-16 -3.5918616  3.5918616 1.0000
2:2-1:1  4.000000e+00  0.4081384  7.5918616  0.0235 *
1:3-1:1  7.500000e-01 -2.8418616  4.3418616 0.9860
2:3-1:1  8.000000e+00  4.4081384 11.5918616 1.3e-05 ***
1:2-2:1  2.500000e-01 -3.3418616  3.8418616 0.9999
2:2-2:1  4.250000e+00  0.6581384  7.8418616  0.0146 *
1:3-2:1  1.000000e+00 -2.5918616  4.5918616 0.9516
2:3-2:1  8.250000e+00  4.6581384 11.8418616 8.4e-06 ***
2:2-1:2  4.000000e+00  0.4081384  7.5918616  0.0235 *
1:3-1:2  7.500000e-01 -2.8418616  4.3418616 0.9860
2:3-1:2  8.000000e+00  4.4081384 11.5918616 1.3e-05 ***
1:3-2:2 -3.250000e+00 -6.8418616  0.3418616  0.0913 .
2:3-2:2  4.000000e+00  0.4081384  7.5918616  0.0235 *
2:3-1:3  7.250000e+00  3.6581384 10.8418616 4.8e-05 ***


---
Signif. codes:  0 "***" 0.001 "**" 0.01 "*" 0.05 "." 0.1 " " 1
```

注意这里的 pval 是为多重检验做了校正的 p 值。检验结果是一个列表（list），其中 $topic 是在对材料的熟悉程度（只有两组）这个维度上做的比较，对阅读材料熟悉与不熟悉其结果有显著差异。结果中的 $newword 部分是对生词密度（分三组）的分组比较，可见生词密度最低的一组与生词密度最高的一组有显著差异，其他的组间比较没有显著差异（这与秦晓晴的计算结果有一些不同，秦的结论是各组之间都有显著差异）；结果中的 $`topic:newword` 部分是对这两个因素做的交叉分组比较，共分为六组，可以看到两个影响因素的交互效应在若干个分组比较中取得了显著性，例如 2∶3（即对阅读材料的主题不够熟悉，同时阅读材料的生词密度最低）与 1∶1（即对阅读材料比较熟悉，同时阅读材料的生词密度最高）这两组之间存在显著差异。

下面仍可以根据这一多重检验结果制图：

```
> plot(ScheffeTest(aov(model), las = 1))
```

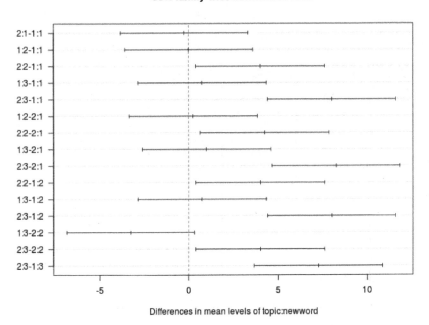

95% family-wise confidence level

Differences in mean levels of topic:newword

图 10.3　Scheffe 检验交叉分组多重比较结果图

10.5　双因素重复测试方差分析

如果研究内容包含两个自变量，对相同样本做两次测试，这类研究的差异既包括组间差异（自变量不同水平上的对比），也包括组内差异（相同受试的前后对比），这称为双因素重复测试方差分析，是一种混合实验设计。这种分析与双因素组间分析相比在数据整理方式方面有很大区别，详见下面的例子。

案例：某学院为英语专业学生开设的第二外语有法语和日语两种，现希望考察学生学习的二外语种对英语词汇量的影响是否有显著差异。假设其他因素对词汇学习不构成显著影响，在学习二外的前后各测试一次学生的英语词汇量。这一实验需要用到的就是双因素重复测试方差分析。

数据中总共四个变量：学生的编号（SID）在统计数据表中是一个因子变量；二外语种（FL2）是因子变量，有 1 和 2 两个水平；学习二外的状态（STATUS）即是否已学二外是因子变量，有 1 和 2 两个水平；词汇测试成绩（TEST）是连续数值变量。这里很重要的是正确识别 FL2 和 STATUS 的性质，FL2 反映的是受试个体差异，而 STATUS 则区分每个受试前后两次测试的成绩差异。

表 10.1　双因素重复测试方差分析示例数据表

SID	TEST	FL2	STATUS
1	74.5	1	1
1	87.5	1	2
2	77	2	1
2	81.5	2	2
3	76.5	1	1
3	84.5	1	2
...	...	...	...

假设原始数据已保存为 fl2_anova.csv：

```
# 导入数据
> mydata <- read.csv("fl2_anova.csv", header = T)

# 整理变量类型
> mydata <- within(mydata, {
+     SID <- factor("SID"),
+     FL2 <- factor("FL2"),
+     STATUS <- factor("STATUS")})

# 按 SID 排序
> mydata <- mydata[order(myata$SID), ]
```

```
# 下面计算 SID、FL2 和 STATUS 各自的均值，存入 mydata.mean 数据框：
> mydata.mean <- aggregate(mydata$TEST,
+   by = list(mydata$SID, mydata$FL2, mydata$STATUS),
+   FUN = 'mean')      # FUN 是操作所用的函数


# 给 mydata.mean 数据框各列加名称
> colnames(mydata.mean) <- c("SID", "FL2", "STATUS", "TEST")


# 将 mydata.mean 按 SID 排序：
> mydata.mean <- mydata.mean[order(mydata.mean$PID), ]
# 方差分析，这里用 aov() 命令：
> test.aov <- with(mydata.mean,
+   aov(TEST ~ FL2 * STATUS +         # 考察 FL2 与 STATUS 的交叉效应
+                Error(SID / STATUS))) # 控制受试的个体差异
```

其中的 aov() 要检验的是词汇量测试成绩（TEST）是否随着二外语种（FL2）和二外学习前后状态（STATUS）发生变化；另外还要加上一个控制因素，用 Error() 表示，其作用是控制个体差异因素。由于这里是重复测试，仅 STATUS 是个体内（within-subject）变量，而 FL2 是个体间（within-subject）变量，这里 Error() 中排除 FL2 的影响。

查看方差分析结果：

```
> summary(test.aov)

Error: SID
          Df Sum Sq Mean Sq F value Pr(>F)
FL2        1    7.7   7.695   0.499  0.482
Residuals 73 1125.6  15.419


Error: SID:STATUS
           Df Sum Sq Mean Sq F value  Pr(>F)
STATUS      1 2258.2  2258.2 993.628 < 2e-16 ***
FL2:STATUS  1   15.9    15.9   7.013 0.00991 **
Residuals  73  165.9     2.3
---
Signif. codes:  0 "***" 0.001 "**" 0.01 "*" 0.05 "." 0.1 " " 1
```

解读：方差分析结果表明，学习哪种二外对英语词汇量没有显著影响（F=0.499，p=0.482）；二外学习前后英语词汇量有显著性差异（F=993.628，p=2e-16），这一结果毋庸置疑，因为经过一个学期的专业学习，即使没有学过二外词汇量也必然有明显增长；二外语种与学习前后状态的交互作用（F=7.013，p=0.00991）对英语词汇量测试成绩有显著影响，说明随着学习的二外不同，英语词汇量前后两次测试的差异有显著不同，当然这一结果还需要谨慎解释。

另外也可以用 car 包中的 Anova() 命令做这种方差分析，不过数据整理与分析步骤复杂得多，这里不介绍。

10.6 习题

习题 1

某学院对四个班的学生进行体能测试，得到了各班学生的肺活量数据（如下），各班之间是否存在显著差异？

A 班：5020 4924 4995 4923 4996 4948 4992 4984 4930 4993 4991 4976 4990 4985 4973 4987 4968 5007 5009 5016

B 班：5027 4938 5004 4937 5005 4960 5001 4994 4944 5002 5001 4986 5000 4995 4983 4996 4979 5016 5017 5023

C 班：5012 4910 4986 4909 4988 4936 4983 4974 4917 4984 4982 4965 4981 4976 4962 4977 4958 4999 5001 5008

D 班：5013 4898 4983 4897 4985 4926 4979 4970 4905 4980 4979 4960 4977 4971 4956 4973 4951 4998 4999 5008

习题 2

某教师想研究观看国外英语视频节目对学生英语听力水平的影响。某班学生坚持每天观看英文节目 1 小时，学期开始、学期中间、学期结束各做一次听力水平测试，得到了以下数据，从数据中能否看出观看英语视频对听力水平的影响？

学期开始：78 74 72 77 79 78 80 74 78 73 77 77 76 71 75 79 83 79 70 75 81 71 75 69 74

学期中间：81 74 80 78 77 79 77 81 77 77 81 78 87 77 79 74 78 79 77 78 79 78 79 73 80

学期结束：77 78 80 80 73 79 77 78 77 77 79 79 79 79 80 81 81 75 78 79 83 77 83 80 84

习题 3

某教育硕士学位点的《教学法》课程的教师了解到，学生当中有的大学期间有做家教的经历，有的没有；有的入学前做过教师工作，有的没做过。教师对这些学生做了全面的教学能力评估，从以下数据判断，是否做过家教和是否做过教师对于教学法课程的学习有没有显著影响？

家教经历：无 有 有 有 无 无 有 有 无 有 无 有 有 无 无 有 无 有 无 无 有 有 无 有 无 无 有 有 无 无 有 无 有 有 无 无 有 有 有 无 有 有 无

教师经历：无 有 有 无 无 有 无 有 无 无 有 无 无 有 无 有 无 有 无 有 无 无 有 无 有 有 无 无 有 无 无 有 无 无 有 有 无 有 有 有 无 有 有 有 无

教学能力：69 77 77 74 70 75 71 81 70 69 65 67 76 64 70 79 58 74 73 74 67 79 74 72 73 62 70 65 66 67 69 72 71 63 79 73 74 70 84 75 78 72 83 76 65

习题 4

某系开展"同课异构"教学实验。两个班分别由两位老师用不同方法讲同一门课程，在学期开始和学期结束各做了水平测验（见下面的数据）。从这些数据观察，两种授课方式在教学效果方面是否有显著差异？

A 班：

前测：71 72 70 79 70 78 73 72 73 74 72 74 70 69 65 73 75 68 74 74 74 78 78 73 74

后测：73 72 74 81 77 81 84 85 83 78 82 79 85 77 78 73 79 77 74 73 77 78 79 79 75

B 班：

前测：65 71 76 74 75 68 77 74 72 70 73 69 70 70 67 74 77 69 76 72 72 75 81 74 79

后测：74 86 77 82 87 83 82 82 76 82 81 71 82 83 79 85 77 78 84 82 78 82 79 78 77

第十一章　非参数检验

t 检验和方差分析等属于参数检验（parametric test），其共同特征是假定总体符合某种形态，比如 t 检验和方差分析都假设总体呈正态分布，因此在检验中经常要用到总体均值、总体标准差这些统计量（参数）。但是有时候我们无法判断总体的分布是什么形态，比方说我们的数据不是连续数据而是定序数据（如名次），这时就不能假定总体符合某种分布，因此不能采用参数检验，只能用非参数检验（non-parametric test）。非参数检验是统计检验的一个重要分支，是在总体方差未知的情况下，从样本数据推断总体分布的方法。由于在推断过程中不涉及有关总体分布的参数，故得此名。另见第七章中的解释。

本章介绍几种用于不同情况的非参数检验方法以及在 R 中的实现方法。

11.1　曼—惠特尼 U 检验

曼—惠特尼 U 检验（Mann-Whitney U Test）又称曼—惠特尼秩和检验。它与独立样本 t 检验的目的相同，也用于判断两个相互独立的样本是否存在显著差异，但曼—惠特尼 U 检验不要求总体呈正态分布，所以适用面更广。该检验计算出的统计量称为 U，计算出来之后将其与曼—惠特尼 U 关键值表做比较，因此得名（本书不提供这个表，仅通过 p 值来判断显著性）。

该检验在 R 中使用的命令是 `wilcox.test()`，在参数中要指定 paired = FALSE，表示不是配对样本（而是独立样本），是默认选项。

案例：现有两个班学生的成绩，希望比较其间是否有显著差异。

```
> x <- c(77,64,69,76,57,76,73,60,69,77,88,77,87,81,79,68,65,82,84,74,82,
+ 72,68,68,72)
> y <- c(79,76,71,74,89,88,77,79,75,96,78,83,80,80,81,72,78,82,86,84,76,
+ 82,91,92,80)
> wilcox.test(x, y, paired = FALSE)
```

```
        Wilcoxon rank sum test with continuity correction

data:  x and y
W = 152.5, p-value = 0.001944
alternative hypothesis: true location shift is not equal to 0


Warning message:
In wilcox.test.default(x, y) : 无法精确计算带连结的 p 值
```

该检验的统计值称为 W。p 值 0.001944 < 0.05，表明两组数据在 0.95 置信水平上有显著差异。`wilcox.test()` 命令可以计算精确的 p 值，方法是加一个选项 exact = T。该检验默认做连续性校正（连续性校正是指使用连续性分布来估计离散数据的 p 值时做的修正，见第十三章）。

计算效应幅度 r：用 rcompanion 包中的 `wilcoxonR()` 命令。注意这个包很大，安装时间会比较长。该命令要求第一个参数是合并的数据向量，第二个参数是分组标志：

```
> install.packages("rcompanion")
> library(rcompanion)
> dat <- c(x,y)
> grp <- c(rep("x",length(x)), rep("y",length(y)))
> wilcoxonR(dat, grp)
   r
0.44
```

r 的参考值范围：$0.10 < r < 0.30$ 为 small；$0.30 \leq r < 0.50$ 为 medium；$r \geq 0.50$ 为 large。本例的 r 值 0.44，效应幅度为 medium。

需要注意的是 `wilcox.test()` 命令往往占用大量内存和堆栈（stack，是计算机组织内存的一种方式），如果设定选项 exact = T 并且数据量太大，比如其中一个样本的容量达数百行以上，可能会导致 R 崩溃甚至操作系统无响应。

注：另见独立样本 t 检验。

11.2　威尔柯克斯配对样本检验

威尔柯克斯配对样本检验（Wilcoxon Test for Paired Samples）对应配对样本 t 检验，也用于检验两组相关数据（配对样本）之间是否有显著差异，但其对两组样本的分布形态不做假设，是一种非参数检验。在 R 中的命令也是 wilcox. test()，在参数中要指定 paired = TRUE。这里举两个例子。

例一：对一组学生做两次测试（test1、test2），对两次成绩做比较。这些成绩就是一一配对的，如 test1[5] 与 test2[5] 是同一个学生的两次成绩。

```
> x <- c(84,64,78,85,72,82,86,64,74,75,67,66,64,75)
> y <- c(85,70,77,89,86,88,86,64,89,89,74,81,66,86)
> wilcox.test(x, y, paired = T)


        Wilcoxon signed rank test with continuity correction

data:  x and y
V = 42, p-value = 0.002096
alternative hypothesis: true location shift is not equal to 0


Warning messages:
1: In wilcox.test.default(test1, test2, paired = TRUE) :
   无法精确计算带连结的 p 值
2: In wilcox.test.default(test1, test2, paired = TRUE) :
   有 0 时无法计算精确的 p 值
```

p 值 0.002096 < 0.05，表示在 0.95 置信水平上两次成绩有显著差异。

例二：某学院建立了一个网络学习平台，用了一段时间后想检验一下使用效果。假设课堂上和平台上的教学内容相同，现想要考察学生积极回答问题的次数和表现是否有显著差异，共统计了 12 位教师（即 12 门课程）的课堂教学和网络平台教学情况：

```
> c <- c(17,23,16,20,27,22,22,19,17,18,17,20)
> w <- c(19,28,18,20,34,23,21,25,18,23,20,20)
> wilcox.test(c, w, paired = T)
```

```
        Wilcoxon signed rank test with continuity correction

data: c and w
V = 2, p-value = 0.01052
alternative hypothesis: true location shift is not equal to 0

Warning messages:
1: In wilcox.test.default(classroom, platform, paired = T) :
   cannot compute exact p-value with ties
2: In wilcox.test.default(classroom, platform, paired = T) :
   cannot compute exact p-value with zeroes
```

解读：p 值 0.01052 < 0.05，表明在 0.05 显著性水平上课堂与网络平台两种场景下学生主动回答问题的表现有显著差异。

注：另见第九章中的配对样本 t 检验。

11.3　Kruskal-Wallis 检验

Kruskal-Wallis 检验（Kruskal-Wallis Test），简称 K-W 检验，也称为 Kruskal-Wallis H 检验（Kruskal-Wallis H Test），与单因素方差分析对应，用于检验三个及以上样本是否存在显著差异。K-W 检验可以检验不符合正态分布的组间差异，也适用于样本较小的情况。在 R 中相应的命令是 kruskal.test()。

下面的例子是三个小组学生的某次测试分数：

```
> groupA <- c(41,60,61,61,70)
> groupB <- c(69,69,68,70,70)
> groupC <- c(75,80,76,66,76)
```

可以将几组数据连接为一个列表作为 kruskal.test() 的参数。

```
> kruskal.test(list(groupA, groupB, groupC))

        Kruskal-Wallis rank sum test
```

```
data:  list(groupA, groupB, groupC)
Kruskal-Wallis chi-squared = 7.7165, df = 2, p-value = 0.02111
```

在这个例子中也可以将原始数据连接起来作为因变量，将分组号重复后连接起来并转换为因子变量作为自变量，然后在 kruskal.test() 命令中以因变量和分组变量为参数，用波浪线分开，与上面的方法效果相同：

```
> score <- c(groupA, groupB, groupC)
> group <- as.factor(c(
+   rep(1, length(groupA)),
+   rep(2, length(groupB)),
+   rep(3, length(groupC))))
> kruskal.test(score ~ group)


        Kruskal-Wallis rank sum test


data:  score by group
Kruskal-Wallis chi-squared = 7.7165, df = 2, p-value = 0.02111
```

p 值 0.02111＜0.05，表明三组成绩存在显著差异。

事后两两比较可以用 Dunn 检验（Dunn's Test），这是方差分析的事后多重检验方法之一，属于非参数检验（或者采用不做 Bonferroni 校正的成对曼—惠特尼 U 检验，在此不详述）。这里用 FSA 包中的 dunnTest() 命令。先将数据转化为两列，其中 group 是组名称，用于分类，score 是数值，由各组分数合并组成。

```
> d <- data.frame(
+   group = c(rep("A", length(groupA)), rep("B",
+   length(groupB)), rep("C", length(groupC))),
+   score = c(groupA, groupB, groupC))
> group <- factor(d$group)       # 将 group 转化为因子变量
```

dunnTest() 命令的参数 method 用于指定校正 p 值的方法，bh 是指 Benjamini-Hochberg 方法（请读者自行查阅资料）：

```
> library(FSA)
> dunnTest(score ~ group, data = d, method = "bh")
Dunn (1964) Kruskal-Wallis multiple comparison
  p-values adjusted with the Benjamini-Hochberg method.

  Comparison         Z      P.unadj       P.adj
1     A - B -1.494293 0.135099069 0.20264860
2     A - C -2.775115 0.005518211 0.01655463
3     B - C -1.280823 0.200256012 0.20025601
```

解读：根据检验结果，A - C 之间存在显著差异（p 值小于 0.05）。

另外 dunn.test 包里的 dunn.test() 命令也可做这一计算，不过用法有所不同。另外要注意 dunn.test() 计算的是单尾检验的 p 值，而 dunnTest() 则计算双侧检验的 p 值。

注：另见第十章中的单因素方差分析（one-way ANOVA）。

11.4　弗里德曼秩和检验

弗里德曼秩和检验（Friedman Test）对应于参数检验中的单样本重复测试或者双因素方差分析，检验多组分数是否来自同一总体，是一种非参数检验。

以下数据是八名学生的作文得分，由三位教师分别打分，用弗里德曼秩和检验看三位教师的评分是否一致。在 R 中用 friedman.test() 命令，该命令接受多种格式，其中一种要求数据对象是一个矩阵。以下定义的矩阵为八行、三列，即八篇作文、三种评分；按下面的顺序录入数据比较直观，不过注意加 byrow = TRUE 选项，表示先排满第 1 行然后排第 2 行，以此类推，而不是默认的先纵向排满第 1 列再排第 2 列：

```
> scoring <- matrix(c(
+       62,57,60,
+       63,59,63,
+       65,60,64,
+       68,63,61,
+       69,64,59,
```

```
+       71,66,63,
+       78,65,60,
+       75,72,60),
+   nrow = 8, byrow = TRUE)
> friedman.test(scoring)


        Friedman rank sum test


data:  scoring
Friedman chi-squared = 11.032, df = 2, p-value = 0.004021
```

解读：p 值 0.004021 < 0.05，表示三位教师的评分在默认的 0.95 置信水平上存在显著差异。

11.5　习题

习题 1

某研究生对两位作家（A、B）的小说写作风格感兴趣，研究内容之一是比较两位作家的作品中平均句长是否有显著差异。该研究生搜集了两位作家的小说组成了两部小说集，首先统计了每篇小说的平均句长（如下），下面需要用什么方法对二者进行比较？

A 作家：8.850 6.313 5.927 7.474 9.098 7.986 7.168 4.405 9.829

B 作家：6.571 5.511 6.664 5.902 5.123 5.828 7.153 6.766 6.560 7.397 4.132

习题 2

八名学生要去参加一个竞赛，选拔阶段由两位专家分别打分，分数如下。两位专家的意见是否一致？

专家 A：87 81 89 83 81 90 83 84

专家 B：82 87 86 85 78 84 86 83

习题 3

某学院统计本学院刚毕业的一届研究生每人发表论文的数量，下面数据中每个数字代表一位研究生毕业前发表的论文总数（各专业人数不同）。各专业之间是否有显著差异？

专业 A：3 2 2 4 3 1 2 4 3 2 3 3

专业 B：2 3 2 2 3 2 2 1 2 2 1 1 2

专业 C：3 4 2 3 2 3 3 4 2 2

专业 D：2 1 2 2 3 1 2 3

第十二章　相关与回归

12.1　相关和回归的基本概念

统计学领域把两个随机变量或二元变量（bivariate，即只有两个值的变量）之间的依存（dependence）或关联（association）称为相关（correlation）。相关在日常生活中很常见，如民间流传燕子低飞预示着要下大雨，晚霞出现则次日会是大晴天，等等，显然是因为人们看到了事件之间的关联。另外，短时记忆与听力理解成绩之间、跑步速度与心跳速度之间、某维生素的摄入量与视力之间、恒星的运动速度与其光谱形态之间，都可能存在某种关联，而考察这种关联是否存在及其关联的程度，是最重要的统计任务之一。

相关分析（correlation analysis）主要是描述性的，只涉及观察数据，并不做解释或推测。相关分析只关心两个由一一对应的数值构成的变量是否有共变关系及其程度，并不关心变量的先后顺序或因果关系。相关性不等于因果关系，数字间的关联可能纯属偶然。例如近三十年中国的人均收入每年都在提高，与此同时印度的人口数量每年都在上升，如果考察两组数据会发现二者呈现很明显的相关，但显然不存在内在关联，更谈不上有因果关系。另外，先后顺序与因果关系也完全是两码事，不能因为事件 A 在事件 B 之前发生就断定 B 是 A 的后果，因为 A 可能只是 B 的一个必要条件，也可能连必要条件也不是。把相关等同于因果关系，或者用时间顺序推断因果关系，都是常见的逻辑谬误。

回归分析（regression analysis）则是解释性的，是对有相关性的变量之间的因果关系的分析，重点在于因变量怎样随着一个或多个自变量发生变化，所以在回归分析中变量是有次序的。在确认了变量之间存在显著相关后提出回归模型（regression model），用于分析解释在自变量发生变化的情况下因变量会朝哪个方向发展、如何发展，从而对新情况做出预测。根据不同情况，回归分析也有多种方法。注意，如果观察样本的容量不够大，或者回归模型对观察数据的拟合程度不高，都很可能会导致不正确的推测。

以下从相关说起，然后再解释回归的概念。

12.2　协方差

协方差（covariance）是用来度量两个随机变量的共同变化的统计量。如果 X 和 Y 是同一类事物的两个特征，观察 n 个事物，则 X 和 Y 这两个维度的协方差 cov(X, Y) 的计算公式为：

$$cov(X,\ Y) = \frac{\sum_{i=1}^{n}(X_i - \overline{X})\,(Y_i - \overline{Y})}{n-1}$$

如果其中一个变量中的较大值大多与另一变量中的较大值相对应，较小值大多与较小值对应，则协方差为正数。而如果一个变量的较大值多对应另一变量的较小值，则协方差为负数。协方差为正或为负指示了两个变量之间的线性关系特征。仔细观察上述公式不难发现，两个变量的协方差与其先后顺序无关，即 cov(X, Y) = cov(Y, X)；另外如果 X 和 Y 相等，那么 cov(X, Y) = cov(X, X) = cov(Y, Y)，其实就是 X 或 Y 的方差。

在 R 中计算协方差用 cov() 命令，以两个变量为参数：

```
> X <- c(9,6,3,5,7,4,8,4,5,6,6,5,7)
> Y <- c(56,30,17,20,25,19,22,24,23,24,22,20,21)
> cov(X, Y)
[1] 11.04487
```

协方差的大小取决于两个变量的方差大小，但是两个变量可能不属于同一个量纲（dimension），比如身高和体重，一个是长度，一个是重量，数值的单位和大小都不能直接比较；所以协方差的整体意义不好解释，比如 11.04487 究竟表示什么呢？在计算关联强度时，相关研究更多地采用协方差的标准化版本，即相关系数（correlation coefficient）。

12.3　相关分析

相关分析（correlation analysis）是描述两个随机变量之间关联性的统计方法。两个变量间常存在关联，不过可能是必然的，也可能是偶然的，前面已经说过，相关性与必然联系或因果关系（causal relationship）不能画等号。

相关分析可以看作是对规律性的一种初步探索。如果发现因素之间存在明显相关，我们就可能会对其是否存在必然联系产生好奇；如果有证据表明必然联系的存在，一个新发现就诞生了。相关往往是其他某些检验的前提，例如狭义的配对样本 t 检验就要求先做相关分析，只有相关度达到某个水平后才能继续检验。

相关性的高低是用相关系数（correlation coefficient）来衡量的，相关系数是标准化了的协方差。相关系数不止一种，适用于不同情况。如果两个变量都是连续变量，则采用皮尔逊积矩相关系数（Pearson's product-moment correlation coefficient）；等级变量则采用斯皮尔曼等级相关系数（Spearman's rank correlation coefficient）或肯德尔等级相关系数（Kendall rank correlation coefficient）测量。

相关系数是对数字间关联的描述，任何两列数目相等的数字都可以计算出一个"相关系数"，但不一定有意义。这就要求研究者正确理解数据并选择合适的计算方法。由于相关不等于必然联系，在实际研究中相关系数不能作为唯一的判断依据。

在 R 中计算相关系数用 `cor()` 或 `cor.test()` 命令，用法略有区别，但都可以用两个样本变量如 x 和 y 作为前两个参数；另外有一个重要参数 method，其值为 pearson（默认）、kendall 或 spearman，用于指定计算哪种相关系数（主要取决于数据类型）。各种相关系数的范围都是从 −1 到 1，−1 表示完全负相关，0 表示不存在任何关联，1 表示完全正相关。下图从左到右分别表示负相关、无相关和正相关：

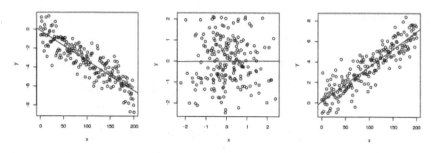

图 12.1　负相关、无相关和正相关示意图

12.4　皮尔逊积矩相关系数

皮尔逊积矩相关系数（Pearson's product-moment correlation coefficient）用于测量两个连续变量之间的线性（linear）相关，用于总体时用希腊字母 ρ（rho）表示，用于样本时用 r 表示：

$$r = r_{x,y} = \frac{cov(x, y)}{s_x s_y} = \frac{\sum_{i=1}^{n} (x_i - \bar{x})(y_i - \bar{y})}{\sqrt{\sum_{i=1}^{n} (x_i - \bar{x})^2} \sqrt{\sum_{i=1}^{n} (y_i - \bar{y})^2}}$$

其中 n 是样本大小，$cov(x, y)$ 是 x 和 y 两个连续变量的协方差，s_x 和 s_y 分别是 x 和 y 的标准差。两个变量不分先后，即 r(x, y) 和 r(y, x) 相等。

下面的例子是十个人的身体测量数据，height 为身高（cm），weight 为体重（kg），均为连续数值变量：

```
> height <- c(154.4,163.1,170.2,168.0,158.4,164.9,165.7,156.8,161.0,166.2)
> weight <- c(47.7,56.8,63.1,59.2,51.8,68.2,60.7,53.3,59.9,63.0)
> cor.test(height, weight, method = "pearson")

        Pearson's product-moment correlation

data:  height and weight
t = 3.9599, df = 8, p-value = 0.004177
```

```
alternative hypothesis: true correlation is not equal to 0
95 percent confidence interval:
 0.3775606 0.9543857
sample estimates:
      cor
0.8137424
```

解读：相关系数为 0.8137424，说明两个变量存在强正相关（另见本章 12.8 小节）。

12.5 斯皮尔曼等级相关系数

如果变量不是连续的，而是表示等级顺序（rank order），就不能用皮尔逊相关系数衡量了。斯皮尔曼等级相关系数（Spearman's rank correlation coefficient）是用皮尔逊相关系数来测量等级变量（或者转换为等级变量的连续变量）之间的相关，用希腊字母 ρ（rho）或 rs 表示。这一方法不要求数据来自正态分布，属于非参数检验。计算方法是先将两组分数各自按大小排序，将原始分转换为其在组内的等级顺序（排名，数学中常译为"秩"），如果有相同分数则取其算术平均值作为其等级；然后用皮尔逊方法对转换后的两组数值做相关分析。

例如一组选手参加了某次歌手比赛，有两位评委打分。现在我们想了解两位评委给出的分数是否存在相关。这里我们更关心评委给出的分数顺序是否有关联，所以不适合用皮尔逊相关系数，可采用斯皮尔曼等级相关系数进行分析：

```
> judge1 <- c(5,9,3,8,6,7,4,8,4)
> judge2 <- c(7,8,6,7,8,5,10,6,5)
> cor(judge1, judge2, method = "spearman")
[1] 0.1410308
```

解读：0.1410308 这个相关系数说明两位评委的打分几乎毫无关联。

12.6　肯德尔等级相关系数

肯德尔等级相关系数（Kendall rank correlation coefficient）反映两个等级变量的相关强度。如果两个变量的顺序一致性较高，则该相关系数就高。该系数常用于检验两个变量是否有相关性，如果两个变量相互独立，则该系数应为零。

肯德尔相关系数反映的是同一个样本在不同量纲（但都表现为顺序）上的反应是否存在相关。例如我们做了一次小型问卷调查，想了解人们的学历层次与其对追星族的看法是否有关联，其中学历层次（level）分为 1 到 4 四个水平，分别对应"小学""初中""高中"和"大学"；对追星族的态度（attitude）分为 1 到 5 共五个水平，分别对应"完全不赞成""不太赞成""无所谓""比较赞成"和"完全赞成"，这样就得到两组等级数据。然后可以对 level 和 attitude 这两个顺序变量做肯德尔等级相关检验。这种检验的计算方式很麻烦，计算过程特别冗长枯燥，所以几乎都借助计算机软件。在 R 中仍用 cor.test() 命令，其中 method 参数设为 kendall。

```
> level <- c(2,4,3,1,2,3,1,3,3,4,2,2)
> attitude <- c(1,4,4,3,3,5,3,4,2,2,3,4)
> cor.test(level, attitude, method = "kendall")


        Kendall's rank correlation tau


data:  level and attitude
z = 0.74963, p-value = 0.4535
alternative hypothesis: true tau is not equal to 0
sample estimates:
      tau
0.1904848


Warning message:
In cor.test.default(level, attitude, method = "kendall") :
  Cannot compute exact p-value with ties
```

解读：相关系数 τ（即 tau）为 0.1904848，表示两个顺序变量之间不存在明显相关。警告信息的意思是说数据中存在相同的（tie）数据对，比如第三对数值与第八对都是 (3,4)。肯德尔等级相关针对不同情况有不同的处理方式，分别称为 Tau-a、Tau-b 和 Tau-c 三个类型，区别主要在于如何处理这类情况，这里不详述。

12.7　偏相关

如果发现两个变量 x 和 y 存在线性相关，但同时第三个变量 z 也可能与二者存在线性相关，这时单纯计算 x 和 y 的相关就不能准确反映二者之间的关系，所以我们需要在控制 z 变量的情况下研究 x 和 y 之间的相关，其中 z 是一个控制变量。这种类型的相关分析被称为偏相关（partial correlation）分析。举例来说，收入（x）与支出（y）之间存在相关，但个人财富（z）因素无疑也与二者存在相关，所以仅研究收入与支出的相关就不够准确。

```
# 数据：
> x <- c(300, 350, 380, 420, 500, 580)        # 变量 1
> y <- c(85, 90, 95, 105, 110, 120)           # 变量 2
> z <- c(2000, 2400, 2900, 3100, 3150, 3800)  # 控制变量
```

计算方法是先计算控制变量与两个主要变量各自的相关残差（这里的残差是指观察值偏离回归模型的程度），然后用 pearson 方法计算这两个相关残差之间的相关：

```
> res_xz <- lm(x ~ z)$residuals        # x 与 z 的相关残差
> res_yz <- lm(y ~ z)$residuals        # y 与 z 的相关残差
> cor(res_xz, res_yz)
[1] 0.8436358
```

偏相关系数为 0.8436358，表示在控制了个人财富因素的情况下 x 与 y 的相关性很强。注意这里使用了 lm()，这是回归分析的方法。

12.8　一元线性回归

如果能确认两个连续变量之间存在相关，并能确定哪个是自变量，哪个是因变量，就可以对二者做一元线性回归分析；用 pearson 方法对两个连续变量的共变趋势计算出一个回归模型，亦即一个函数关系，这样就可以对自变量中的新数据会引起因变量怎样的变化做出预测。如果对自变量 x 和因变量 y 计算出的回归模型是 y=x*a + b，那么对于新的 x 观察值，就可以计算出相应的 y 值。

这里仍举前面用过的例子，两组假想的原始数据中，height 为身高 (cm)，weight 为体重 (kg)，都是连续变量，我们已经用相关分析得到了较高的相关系数：

```
> height <- c(154.4,163.1,170.2,168.0,158.4,164.9,165.7,156.8,161.0,
+    166.2)
> weight <- c(47.7,56.8,63.1,59.2,51.8,68.2,60.7,53.3,59.9,63.0)
> cor(height, weight, method = "pearson")
[1] 0.8137424
```

根据直觉判断，身高是自变量，体重是因变量。接下来用 lm( ) 命令（即 linear model）分析这两个变量的线性关系，该命令的第一个参数是建模的公式，形式是因变量、波浪号 (~)、自变量，将建立一个回归模型。由于这两个变量都是连续数据，所以要用皮尔逊相关系数，不过由于这是默认方法，这里可以不写这个选项：

```
> relation <- lm(weight ~ height)
> summary(relation)

Call:
lm(formula = weight ~ height)

Residuals:
   Min     1Q Median    3Q    Max
-4.143 -2.341 -1.103  1.255  7.862
```

```
Coefficients:
            Estimate Std. Error t value Pr(>|t|)
(Intercept) -99.5249    39.8909  -2.495  0.03724 *
height        0.9695     0.2448   3.960  0.00418 **
---
Signif. codes:  0 "***" 0.001 "**" 0.01 "*" 0.05 "." 0.1 " " 1

Residual standard error: 3.756 on 8 degrees of freedom
Multiple R-squared:  0.6622,    Adjusted R-squared:  0.6199
F-statistic: 15.68 on 1 and 8 DF,  p-value: 0.004177
```

解读：在 Estimate 部分，Intercept 就是回归线与 y 轴的交点，或称"截距"；第二行就是回归系数。这样建立的回归模型是 weight=-99.5249 + 0.9695*height。据此预测，如果一个人身高为 160 厘米，则其体重为 -99.5249 + 0.9695 * 160=55.5951 千克。

但这一预测的准确度有多高呢？这涉及回归模型对观察数据的拟合度。R^2（R-squared）用于评估回归模型，表示回归模型在多大程度上能够解释观察值与预期值的拟合度，范围是从 0 到 1，值越大表示拟合程度越高。本例中修正后的 R^2 值为 0.6199，表明模型能解释 61.99% 的观察数据，就是说对数据的拟合程度比较有限，通常是因为观察数据与回归线的偏离度较大。回归模型的拟合度越高，则预测的准确度越高。因此，本例中预测身高 160 厘米的人的体重为 55.5951 千克就可能不够准确。

回归分析常需要做图，可以清晰地看出观察数据的回归趋势，其中用 abline() 画回归趋势线，以两个变量间的回归模型为参数：

```
> plot(height, weight,             # 散点图：观察值的数据点
+    xlab = "Height (cm)",
+    ylab = "Weight (kg)",
+    main = "Height against Weight")
> abline(lm(weight ~ height))      # 回归趋势线
```

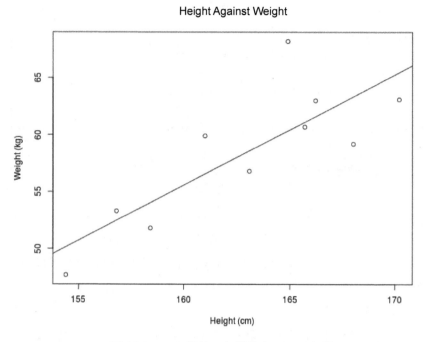

图 12.2　一元线性回归的散点图及回归线

适当调整这个图的 x 轴和 y 轴显示范围就可以看到 y 轴的截距。

12.9　多元线性回归

现实中往往是多个因素而不是单一因素影响某事情发生变化，也就是说存在多个自变量，这种情况要做多元回归分析。比方说我们认为学生的多门课成绩共同对某种综合考试的成绩产生影响，当然其影响程度未必都是一样的。那么这些课的成绩与综合考试成绩的关系究竟该怎样表示？在此这几门课的成绩都是自变量，综合考试的成绩是因变量，多元回归分析就是考察一个因变量与多个各自变量的回归关系。

假设对十个学生的成绩做统计，fac1、fac2 和 fac3 分别是三门课的成绩，test.score 是综合考试的成绩：

```
> mydata <- data.frame(
+    fac1 = c(87,76,71,83,82,75,73,93,88,75),
+    fac2 = c(80,79,79,88,89,83,85,93,92,85),
+    fac3 = c(76,80,87,82,71,87,84,74,72,82),
+    test.score = c(75,80,82,89,74,84,81,80,77,81))
```

现在要看在这几门课程中哪门对综合考试成绩的影响或贡献更大。回归分析仍然用 lm() 命令，像下面这样将各个自变量用加号（+）连接起来，因变量与自变量之间用波浪号（~）分隔：

```
> my.analysis <- lm(test.score ~ fac1 + fac2 + fac3, data = mydata)
> summary(my.analysis)
Call:
lm(formula = test.score ~ fac1 + fac2 + fac3, data = mydata)

Residuals:
    Min      1Q  Median      3Q     Max
-1.7115 -1.4156 -0.6613  0.1675  4.4149

Coefficients:
            Estimate Std. Error t value Pr(>|t|)
(Intercept) -54.2443    36.0511  -1.505  0.18312
fac1          0.2707     0.2050   1.320  0.23484
fac2          0.3895     0.2217   1.757  0.12949
fac3          1.0010     0.2397   4.176  0.00584 **
---
Signif. codes:  0 "***" 0.001 "**" 0.01 "*" 0.05 "." 0.1 " " 1

Residual standard error: 2.501 on 6 degrees of freedom
Multiple R-squared:  0.7819,    Adjusted R-squared:  0.6728
F-statistic: 7.169 on 3 and 6 DF,  p-value: 0.02076
```

Coefficients 部分的几个 Estimate 值，就是回归分析模型中各个自变量的权重。以上分析建立的回归模型是：

```
test.score = -54.2443 + 0.2707*fac1 + 0.3895*fac2 + 1.0010*fac3
```

从各个 p 值即 Pr(>|t|) 看来，fac1 和 fac2 对 test.score 没有显著的贡献，但 fac3 与 test.score 有显著相关。修正的 R-squared 为 0.6728，表明这一模型能够解释 67.28% 的数据。

12.10 logistic 回归

logistic 回归（logistic regression 或 logit regression）常译为逻辑回归、逻辑斯蒂回归，用于从若干个自变量（可以是连续数值型，也可以是范畴型）来预测一个二值因变量的值，如"是 / 否""胜 / 负"等。典型的应用场景包括：根据电子邮件的单词数量、图片数量、链接数量等来判断邮件是否垃圾邮件；通过考研者的初试成绩、是否为应届生、毕业学校的排名、发表论文数量等推测其是否会被录取。logistic 回归一般都要基于很多以往的资料，也就是所谓的大数据。分析者对以往数据做回归分析，判断各个自变量的权重大小，然后可以用回归模型对新数据进行计算，在是和否之间做出判断或决策，因此在企业管理和商务等领域应用广泛。

本例用的数据是国外某大学研究生院的申请人的资料：

表 12.1　某大学研究生院申请人的录取数据

admit	gre	gpa	rank
0	380	3.61	3
1	660	3.67	3
1	800	4.00	1
1	640	3.19	4
0	520	2.93	4
1	760	3.00	2
1	560	2.98	1
0	400	3.08	2

（待续）

（续表）

admit	gre	gpa	rank
1	540	3.39	3
0	700	3.92	2

其中 admit 代表录取结果，是范畴变量，有 1 和 0（是 / 否）两个可能的值；gre 指 GRE 分数，是连续变量；gpa 指 GPA 绩点，是连续变量；rank 指申请人的毕业院校的社会声誉排名，1 为最高，是等级变量。这里分析的目的是考察 GRE 分数、GPA、申请人毕业学校的地位排名这三个自变量与是否被录取之间的回归关系，录取结果表示为对数几率(log odds)，范围是 0 到 1 之间。

首先读取数据：

```
> mydata <- read.csv("admission.csv", header = T)
```

将范畴变量 admit 和等级变量 rank 制成二维列联表：

```
> xtabs(~admit + rank, data = mydata)
     rank
admit  1  2  3  4
    0 28 97 93 55
    1 33 54 28 12
```

将 rank 转换为因子变量：

```
> mydata$rank <- factor(mydata$rank)
```

创建回归模型，其中 family = "binomial" 选项表示要做的是 logistic 回归分析，在这里非常关键：

```
> fit <- glm(admit ~ gre + gpa + rank, data = mydata,
+   family = "binomial")
> summary(fit)
```

```
Call:
glm(formula = admit ~ gre + gpa + rank, family = "binomial",
  data = mydata)

Deviance Residuals:
    Min      1Q   Median       3Q      Max
-1.6268  -0.8662  -0.6388   1.1490   2.0790

Coefficients:
              Estimate Std. Error z value Pr(>|z|)
(Intercept) -3.989979   1.139951  -3.500 0.000465 ***
gre          0.002264   0.001094   2.070 0.038465 *
gpa          0.804038   0.331819   2.423 0.015388 *
rank2       -0.675443   0.316490  -2.134 0.032829 *
rank3       -1.340204   0.345306  -3.881 0.000104 ***
rank4       -1.551464   0.417832  -3.713 0.000205 ***
---
Signif. codes:  0 "***" 0.001 "**" 0.01 "*" 0.05 "." 0.1 " " 1

(Dispersion parameter for binomial family taken to be 1)

    Null deviance: 499.98  on 399  degrees of freedom
Residual deviance: 458.52  on 394  degrees of freedom
AIC: 470.52

Number of Fisher Scoring iterations: 4
```

解读：结果表明 gre、gpa 和 rank 都对录取结果有显著影响。各个 logistic 回归系数（结果中的 Coefficients）的意义是各个自变量每增加一个单位（也就是加 1）会引起因变量即录取的对数几率发生多大变化，见各变量所对应的 Estimate。在本结果中，gre 每增加 1 分，录取的对数几率增加 0.002264；gpa 每增加 1 分，录取的对数几率增加 0.804038。rank 的系数的解释方式则有所不同，如果本科院校排名第 2，与排名第 1 者相比，录取的对数几率的变化为 −0.675443；毕业院校的排名每低 1 位，也就是 rank 值加 1，录取的对数几率都有所降低。

12.11　克朗巴哈系数

各种统计教程的相关或回归部分通常不讲克朗巴哈系数（Cronbach's α），但这个系数本质上是一种相关系数的综合应用，在外语教学领域用得相当多，因此本书将其放在这一章。

社会科学、教育科学等领域经常使用问卷收集数据。现代的正规问卷经常分成若干个部分，每个部分称为一个量表（scale）；每个量表所包含的若干问题共同调查同一个变量。用得最多的量表形式是 Likert 量表，其中每个问题的各个选项衡量的是受试对问题的态度，经常分成 5 个或 7 个等级。各量表中题项的内部一致性很重要，决定了量表的质量，而量表的质量决定了整个问卷或试卷的质量。量表的内部一致性有数种检验方法，这里介绍其中用得最多的克朗巴哈系数，它表示同一量表中多个测试之间的相关程度，所以本质上是一种相关系数。克朗巴哈系数广泛用于社会科学、商业、护理等领域。

psych 包中的 alpha() 命令用于计算该系数，它要求以原始数据表为主要参数，格式很直观，每列是一个题项，每行是一个受试对各题的选择，类似下面的形式：

表 12.2　alpha() 命令所需要的数据表的典型结构

A1	A2	A3	B1	B2	B3	C1	C2	C3
4	3	3	4	2	3	3	4	2
2	3	3	3	4	2	3	2	2
4	5	3	3	5	4	4	3	3
4	4	2	4	4	3	3	4	2
...	...	...	...	...	...	...	...	...

下例所用的数据来自 2002 年左右的一次网络问卷调查（可以从 http://personality-testing.info/_rawdata/BIG5.zip 自由下载），调查的内容是性格特征。在这里我们将压缩包中的数据表 data.csv 另存为工作目录中的 personality02.csv。包中的另一个文档 codebook.txt 描述数据表的结构，包括受试的年龄、民

族、性别等信息；文档数据中还包含 50 个题项，可将其分为 5 个 Likert 量表，每个量表有 10 题，每题有 5 个选项。

先读入数据表，需要注意由于其中数据是用制表符分隔的，所以要用参数 sep = "\t"：

```
> survey <- read.csv("personality02.csv", header = T, sep = "\t")
```

题项 N1 至 N10 测量的是受试是否属于内向性格，在此我们将这个量表取出并称为 Scale1：

```
> Scale1 <- survey[,
+   c("N1","N2","N3","N4","N5","N6","N7","N8","N9","N10")]
```

该量表内的 10 个题项的内容如下：

表 12.3　量表中的 10 个题项内容

题号	内容
N1	I get stressed out easily.
N2	I am relaxed most of the time.
N3	I worry about things.
N4	I seldom feel blue.
N5	I am easily disturbed.
N6	I get upset easily.
N7	I change my mood a lot.
N8	I have frequent mood swings.
N9	I get irritated easily.
N10	I often feel blue.

显然 N2、N4 与其他八个题项测量的方向是相反的（高低水平的方向不同），所以这两题的 1 到 5 这些选项的量度顺序应该颠倒一下，以与其他题项保持一致。这里有个小技巧，由于选项共有 5 个，那么用 6 减去原来的分数就是翻转过来的分数：

```
> Scale1[, c("N2","N4")] <- 6 - Scale1[, c("N2","N4")]
```

现在就可以计算这个量表的克朗巴哈系数了：

```
> library(psych)
> alpha(Scale1)


Reliability analysis
Call: psych::alpha(x = Scale1)


raw_alpha std.alpha G6(smc) average_r  S/N     ase mean   sd
    0.87      0.87     0.87        0.4  6.6  0.0014  3.1 0.86
median_r
    0.39


lower alpha upper      95% confidence boundaries
 0.87  0.87  0.87
 Reliability if an item is dropped:
raw_alpha std.alpha G6(smc) average_r S/N alpha se var.r med.r
N1   0.85      0.85     0.85      0.39 5.6   0.0016 0.016  0.38
N2   0.86      0.86     0.87      0.41 6.2   0.0014 0.017  0.41
N3   0.86      0.86     0.86      0.40 6.0   0.0015 0.017  0.40
N4   0.87      0.87     0.88      0.43 6.9   0.0013 0.010  0.42
N5   0.86      0.86     0.87      0.41 6.2   0.0014 0.015  0.40
N6   0.85      0.85     0.85      0.38 5.5   0.0016 0.014  0.39
N7   0.85      0.85     0.85      0.39 5.6   0.0016 0.013  0.39
N8   0.85      0.85     0.84      0.38 5.5   0.0016 0.012  0.39
N9   0.85      0.85     0.86      0.39 5.7   0.0016 0.015  0.39
N10  0.85      0.85     0.86      0.39 5.8   0.0015 0.017  0.39


 Item statistics
        n raw.r std.r r.cor r.drop mean  sd
N1  19719  0.73  0.73  0.70   0.65  3.3 1.3
N2  19719  0.59  0.60  0.53   0.50  2.8 1.2
N3  19719  0.65  0.66  0.61   0.56  3.8 1.1
N4  19719  0.46  0.47  0.37   0.34  3.2 1.2
```

```
N5   19719  0.61  0.60  0.53    0.50  3.0 1.3
N6   19719  0.77  0.76  0.74    0.69  3.0 1.3
N7   19719  0.74  0.73  0.72    0.65  3.2 1.3
N8   19719  0.77  0.76  0.76    0.69  2.8 1.4
N9   19719  0.73  0.72  0.69    0.64  3.1 1.3
N10  19719  0.71  0.71  0.66    0.62  2.8 1.3


Non missing response frequency for each item
     0    1    2    3    4    5 6 miss
N1   0 0.11 0.20 0.22 0.25 0.22 0    0
N2   0 0.16 0.28 0.28 0.20 0.08 0    0
N3   0 0.04 0.11 0.16 0.35 0.34 0    0
N4   0 0.10 0.18 0.27 0.27 0.17 0    0
N5   0 0.15 0.25 0.23 0.24 0.13 0    0
N6   0 0.16 0.24 0.22 0.22 0.16 0    0
N7   0 0.12 0.22 0.22 0.25 0.19 0    0
N8   0 0.22 0.24 0.20 0.20 0.14 0    0
N9   0 0.13 0.22 0.21 0.27 0.17 0    0
N10  0 0.19 0.25 0.23 0.20 0.13 0    0
```

　　克朗巴哈信度系数的范围是 0 到 1 之间，一般而言值越大表明量表的内在一致性越强。如果在 0.6 以下表明内部一致性不足；达到 0.7—0.8 时表示具有相当的信度，达到 0.8—0.9 时说明信度非常好。本例中信度系数（std.alpha）为 0.87，表明该量表的内部一致性非常好。

　　由于实践中我们所关心的一般只是结果中的 std.alpha 这个值，可用下面的方式计算克朗巴哈系数，从而简化结果：

```
> alpha(Scale1)$total$std.alpha
[1] 0.8676182
```

　　（本节参考了 https://www.r-bloggers.com/five-ways-to-calculate-internal-consistency/ 的部分内容。）

12.12　习题

习题 1

某教师想知道学生的平均绩点（GPA）与其毕业论文综合成绩之间是否有关联。怎样从下面的数据中了解这一点？

GPA：3.4 3.7 3.4 3.6 3.9 4.1 3.4 3.7 4.2 3.5 3.7 3.8 3.6 3.1 3.5 4.3 3.6 4.0 4.2 3.4 4.0 3.7 4.0 3.8 3.5

论文：79 79 84 88 89 86 76 82 85 80 85 82 83 82 74 91 84 84 77 86 80 81 88 84 80

习题 2

某翻译硕士（MTI）学位点聘请了校外的职业翻译人士作为研究生的校外导师，与本校的翻译专业教师共同指导学生。某教师想知道两类导师对翻译硕士（MTI）学位论文的评价方式是否有区别。以某届 22 篇 MTI 学位论文为实验对象，每篇论文都采集了翻译专业教师给出的成绩和职业翻译人士给出的成绩（如下）。能否看出两类评委的意见是否有显著相关？

专业教师：82 82 84 84 87 80 90 85 84 84 90 83 85 84 92 82 85 75 89 82 92 86

职业翻译：79 83 77 90 81 77 81 81 76 79 84 80 80 76 81 77 81 80 77 72 77 81

习题 3

一次英语专业技能大赛中共包含两个项目，一是英语口语，二是英语写作；共 10 名学生选手参加比赛，每个项目都决出了名次（如下）。这些选手的口语表现与写作水平是否相关？

口语名次：1 2 9 6 3 8 4 5 10 7

写作名次：4 5 3 2 1 10 9 6 7 8

第十三章　卡方检验

卡方检验（Chi-squared Test; X^2 Test）属于非参数检验范畴，用于比较一个或多个类别中的事件的理论频数与观察频数是否有显著差异，也就是说某事件实际发生的次数或比率与理论上应该发生的次数或比率是否不同。卡方检验是用得最广泛的推断统计检验之一，主要用于假设检验。

13.1　卡方的概念和卡方分布

我们观察的事物常常可以分成多个类别。如果将观察到的全部事物分成一些互斥的类别，那么各类别的比例之和等于1，即100%；每个类别都有各自的观察频数，也都有理论频数（都可以表示为比率）。如果按性别区分大学生，共分两个类别；假设全国高校的英语系男生和女生的总体比例是1:11，那么在一个25人的英语系班级里，男生的期望比例约为8.333%，或者说期望人数约为2.08。

将观察频数 O 减去期望频数 E，即得到观察频数与理论频数的偏离值。假设类别数是 n，用下面的公式计算得到的统计量称为卡方（Chi-squared; x^2）：

$$x^2 = \sum_{i=1}^{n} \frac{(O_i - E_i)^2}{E_i}$$

在零假设（即观察值与预期值相等）为真的情况下，卡方的分布被称为卡方分布。卡方通常用于计数数据，大都是正整数，不过卡方分布是一种连续性分布，就是说理论上也可以用于带有小数点的数值。所有统计手册都附有卡方统计表，在卡方检验中用作关键值参照。

卡方分布的概率密度曲线呈正偏态（F 分布曲线与之很相似，因为 F 值计算公式的主要部分符合卡方分布）；自由度不同，卡方曲线的形状也不同，所以卡方分布曲线与 F 曲线一样也是一个曲线族。图 13.1 是不同自由度下卡方分布的概率密度曲线：

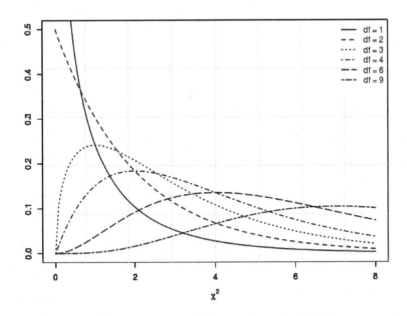

图 13.1　不同自由度的卡方分布概率密度曲线

卡方检验主要用于三类目的，即拟合优度检验、独立性检验和方差检验，以下逐一简单介绍。

13.2　卡方拟合优度检验

所谓拟合优度（goodness of fit），通俗地说就是实际情况与理论预期的相符程度，常用于将观察（observations）按某个标准分为若干个互斥的类别之后考察各类别的观察频数是否一致。下面举两个例子。

例一：某英语系二年级学生要选择第二外语，每人只能选一种，共三个语种可供选择；我们的零假设是选择每种二外的人数都是相等的，所以预期的比例是各占三分之一。最终选择人数分别是 37 人、24 人和 14 人。这里检验这三个语种的选择比例是否符合预期。

```
> obs.students <- c(37, 24, 14)
> exp.props <- c(1/3, 1/3, 1/3)      # 各类的预期比例都应是三分之一
```

检验用 chisq.test() 命令，其第一个参数是各类别的观察频数，第二个是各类别的期望比例（加起来必须等于1）：

```
> chisq.test(obs.students, p = exp.props)

        Chi-squared test for given probabilities

data:  obs.students
X-squared = 10.64, df = 2, p-value = 0.004893
```

p 值 0.004893 < 0.05，表明在 0.05 显著性水平上各第二外语的选择人数比例的差异具有统计显著性，就是说比例不均衡。

例二：某公司做手机市场的调查，将手机品牌分为 A、B、C、D 四个主要品牌和 E（表示其他），调查结果显示这五种品牌的手机在本国市场上的实际销售量分别为 3900、3076、1660、861、879（万部）。已知这些品牌在全球市场上的总体销售份额分别是 38%、31%、16%、7%、8%，现检验其在该国市场的份额是否与总体份额一致：

```
> x <- c(3900, 3076, 1660, 861, 879)
> global.shares <- c(0.38, 0.31, 0.16, 0.07, 0.08)
> chisq.test(x, p = global.shares)

        Chi-squared test for given probabilities

data:  x
X-squared = 34.465, df = 4, p-value = 5.982e-07
```

p 值 5.982e-07 < 0.05，表明在 0.05 显著性水平上该国市场上这几种品牌手机的销售份额与总体市场份额有显著差异。

注意：用于拟合优度检验时，chisq.test() 的参数 p 要求所有概率之和必须等于 1，否则会报错。

13.3 卡方独立性检验

独立性检验可能是卡方最主要的应用。将所有观察到的事物按两个标准分成多个类别，将这些观察值列成 R×C 的二维表，检验的目的是看这两个分类标准（范畴变量）是否相互独立或者说是否存在关联。chisq.test() 命令主要就是用于这种目的。

例如某冰淇淋生产企业做市场调查，想了解男性和女性对冰淇淋口味的偏好是否有显著区别。这里有性别和口味两个范畴变量，前者有男、女两个值，后者有巧克力、香草、草莓三个值，可列出一个 2×3 表。这里要检验性别和对口味的偏好是否存在关联。

```
> male <- c(100, 120, 60)
> female <- c(350, 200, 90)
```

将数据转换为数据框，以性别为数据框的行，以冰淇淋口味为列：

```
> survey <- as.data.frame(rbind(male, female))
> names(survey) <- c("chocolate", "vanilla", "strawberry")
```

列联表如下：

```
> survey
       chocolate vanilla strawberry
male         100     120         60
female       350     200         90
```

卡方检验：

```
> chisq.test(survey)

        Pearson's Chi-squared test

data:  survey
X-squared = 28.362, df = 2, p-value = 6.938e-07
```

p 值 6.938e-07 < 0.05，说明在默认的 0.05 显著性水平上性别与冰淇淋口味这两个范畴变量并不相互独立，就是说男性和女性对口味有不同的偏好。

效应幅度：范畴数大于 2 的卡方检验的效应幅度一般用 Cramer's V 表示（有时也称为 Cramer's phi 或 ϕ_c），计算公式为：

$$V = \sqrt{\frac{x^2}{n(k-1)}} = \sqrt{\frac{x^2}{N(min(nrows, ncols) - 1)}}$$

其中 N 是范畴数，k–1 是自由度（df），k 是行数和列数中较小者。

用 questionr 包中的 `cramer.v()` 命令计算该效应幅度值，该命令要求输入的数据对象是一个表，因此这里可直接以 survey 为参数：

```
> install.packages("questionr")
> library(questionr)
> cramer.v(survey)
[1] 0.1755801
```

Cramer's V 的参考范围是 0 到 0.5 之间（见下表）。本例自由度为 2–1=1，效应幅度值为 0.1755801，根据下表判断，效应幅度为 small，就是说男女对冰淇淋品味的偏好差异其实较小。

表 13.1　Cramer's V 的参考范围

df	small	medium	large
1	.10	.30	.50
2	.07	.21	.35
3	.06	.17	.29
4	.05	.15	.25
5	.04	.13	.22

13.4　卡方方差检验

这里所说的方差检验不同于本书第十章所说的方差检验。卡方方差检验用于观察某样本所在总体的方差是否等于某个特定的预期值，这种检验不是用 `chisq.test()` 命令，而是用 EnvStats 包中的 `varTest()` 命令。下面的例子检验样本所在总体的方差是否等于 4：

```
# 数据:
> x <- c(12.43, 11.71, 14.41, 11.05, 9.53, 11.66, 9.33, 11.71, 14.35,
+   13.81)
> install.packages("EnvStats")
> library(EnvStats)
> varTest(x, sigma.squared = 4)  # sigma.squared 即预期的方差

        Chi-Squared Test on Variance

data: x
Chi-Squared = 7.3019, df = 9, p-value = 0.7886
alternative hypothesis: true variance is not equal to 4
95 percent confidence interval:
  1.535407 10.816103
sample estimates:
variance
3.245299
```

卡方值为 7.3019，对应的 p 值 0.7886 > 0.05，不能拒绝零假设，就是说在 0.95 置信水平上样本所在总体的方差与预期的方差 4 没有显著差异。

13.5 卡方检验用于 2×2 列联表

如果在独立性检验中两个范畴变量各自只有两个值，则可列出 2×2 列联表（2×2 contingency table），这是独立性检验的一种很常见的形式。一种典型应用是语料库领域计算特定单词 W 的"关键性"（keyness），两个范畴变量中一个是语料库（有两个值，如库 A、库 B，其中一个被视为参照库，即 reference corpus），另一个是词项（有两个值，即单词 W、语料库总体），交叉列成类似下面的 2×2 列联表，单元格中是各范畴的观察频数：

表 13.2　语料库关键性检验所用的卡方列联表

	库 A	库 B
单词 W	a	c
库总体	b	d

将观察频数与期望频数做比较，从而判断 W 在库 A 中的观察频数是否与库 B 中一致。计算出来的卡方值被视为词 W 的一种"关键性"；检验的目的实质上是看两个范畴变量是否相互独立。

```
> mydata <- matrix(c(67, 60128, 30, 61162), nrow = 2)
> mydata
      [,1]  [,2]
[1,]    67    30
[2,] 60128 61162
```

对 2×2 列联表，chisq.test() 默认使用 Yates 连续性校正（见下一节的解释），即包含参数 correct = T。但如果列联表中的所有数值都不在 $1 \leq T < 5$ 区间，则不需要使用 Yates 连续性校正，可设为 correct = F：

```
> keyness <- chisq.test(mydata, correct = F)
> keyness

        Pearson's Chi-squared test

data: mydata

X-squared = 14.741, df = 1, p-value = 0.0001234
```

p 值 $0.0001234 < 0.05$，表明在 0.05 显著性水平上两个范畴变量之间存在依赖关系，就是说所研究的单词在两库中的频数有显著差异。

2×2 卡方检验的效应幅度用 phi（φ）计算，公式为：

$$\Phi = \sqrt{\frac{x^2}{N}}$$

公式中 N 是所有观察值之和，即列联表中的四个值之和。这个公式与 Cramer's V（见卡方独立性检验一节）非常接近，实际上如果两个范畴变量都只有两个层次，则自由度为 1，这种情况下 V 和 phi 是相同的。

```
> phi <- sqrt(keyness$statistic / sum(mydata))
> phi
[1] 0.01101971
```

phi 的范围可以参考 Cramer's V 的参考值表，0.1 对应 small，0.3 对应 medium，0.5 对应 large，所以本例的效应幅度非常小。不过在语料库领域计算关键性时，phi 值基本都是如此。

注意：2×2 列联表卡方检验要求样本量（即表中所有单元格中数值的总和）大于 40，每个理论频数都不小于 5，否则就需要做连续性校正。

13.6　Yates 连续性校正

2×2 列联表（或称四格表）中的数值都是离散的计数数据，全都是整数，不存在小数；但卡方分布是一种连续型分布。英国统计学家 Frank Yates 指出，对于计数数据（频数）的离散概率来说，卡方分布只能给出近似的而不是精确的估计，用卡方分布来估算的 p 值会小于真实的 p 值，结果就是高估检验结果的显著性。在列联表中的数值都很大的情况下，这种误差常可以忽略不计，但如果表中的数值很小，误差就会被放大，因此对 2×2（也包括 2×1）列联表数据做卡方检验时，应该做连续性校正（continuity correction），使计算出的 p 值更接近真实的 p 值。他提出的方案是在标准的 X^2 计算公式基础上做如下修改：

$$X^2_{\text{Yates}} = \sum_{i=1}^{n} \frac{(|O_i - E_i| - 0.5)^2}{E_i}$$

用典型的四格表做一说明，表中 V1_1 和 V1_2 是范畴变量 V1 的两个层次，V2_1 和 V2_2 是范畴变量 V2 的两个层次：

表 13.3　卡方检验列联表示例

	V1_1	V1_2	
V2_1	A	C	A+C
V2_2	B	D	B+D
	A+B	C+D	A+B+C+D

下面第一个公式是卡方值的标准计算公式（经过变换），第二个公式是经过 Yates 连续性校正的公式：

$$x^2 = \frac{N(AD-BC)^2}{(A+B)(C+D)(A+C)(B+D)}$$

$$x^2_{\text{Yates}} = \frac{N(|AD-BC| - \frac{1}{2}N)^2}{(A+B)(C+D)(A+C)(B+D)}$$

这样校正之后的卡方值有所减小，而 p 值有所增大。使用 Yates 连续性校正做的卡方检验有时也被简称为 Yates 卡方检验。不过在某些情况下这一校正有些过头（Sokal & Rohlf 1981）[1]，所以 Yates 连续性校正的应用范围受到一定限制。

13.7　Fisher 精确检验

卡方检验要求列联表中的数值不能小于 5，否则就要做校正，但最好是用 Fisher 精确检验（Fisher's Exact Test）。上一节说过卡方检验得到的 p 值其实是近似值，而 Fisher 精确检验可以计算精确的 p 值。这种精确性有时特别重要，例如 Gries 和 Stefanowitsch 提出的搭配构式分析（见第十五章）就是采用 Fisher 精确检验来计算 p 值。其实 Fisher 精确检验除了可用于数值很小的情况外，也适用于数值很大的情况，不过由于计算量特别大，所以大部分情况下都交给计算机软件处理。下面举两个例子。

例一：某学院的资料室有三种外文期刊，按借阅人的专业（共三种专业）统计了某学期这几种期刊的借阅次数。现在想知道各专业借阅这三种期刊的次数是否有显著差异。以下将数据制成列联表，以专业为行，以期刊名称为列。这种处理方式前面曾出现多次：

1　文献具体信息请参见本书的"相关文献推荐"部分。

```
> major1 <- c(8,4,2)
> major2 <- c(2,6,1)
> major3 <- c(3,1,7)
> dat <- as.data.frame(rbind(major1, major2, major3))
> names(dat) <- c("journal1", "journal2", "journal3")
> dat
       journal1 journal2 journal3
major1        8        4        2
major2        2        6        1
major3        3        1        7
```

用 fisher.test() 命令进行检验，默认的 alpha 是 0.05：

```
> fisher.test(dat)

        Fisher's Exact Test for Count Data

data:  dat
p-value = 0.01427
alternative hypothesis: two.sided
```

p 值 0.01427 < 0.05，说明在 0.05 显著性水平上期刊和专业这两个变量并不相互独立，即三种期刊不同专业借阅的次数显著不同。

对这种检验也可以用 cramer.v() 命令计算效应幅度：

```
> cramer.v(dat)
[1] 0.4526077
Warning message:
In stats::chisq.test(tab, correct = FALSE) :
  Chi-squared approximation may be incorrect
```

这里的警告信息是指该命令调用的 chisq.test() 用的是未经过校正的卡方检验，计算可能不正确。

例二：在前面章节（13.5 小节）中介绍了语料库领域计算关键性的例子，现对其中提到的 2×2 列联表数据进行计算：

```
> mydata <- matrix(c(67, 60128, 30, 61162), nrow = 2)
> mydata
      [,1]  [,2]
[1,]   67    30
[2,] 60128 61162
> fisher.test(mydata)


        Fisher's Exact Test for Count Data

data: mydata
p-value = 0.0001436
alternative hypothesis: true odds ratio is not equal to 1
95 percent confidence interval:
 1.456082 3.621020
sample estimates:
odds ratio
  2.271733
```

解读：p 值 0.0001436 < 0.05，表明两个范畴变量间有依存关系，就是说单词 W 在两库中的频数有显著差异。

对于本例也可以用 phi 计算效应幅度，在此省略。

13.8 McNemar 检验

McNemar 检验（McNemar's Test）也是卡方检验的一种类型，用于比较两个范畴变量，每个范畴只有两个水平，所以这种检验只用于 2×2 表；其特殊之处在于检验的目标不是范畴变量间的独立性，而是配对样本（包括同一样本）对不同处理（treatment）的反应是否一致（见下面的例子），所以在 McNemar 检验中 2×2 表所列的数值与卡方独立性检验列联表中的数值所表达的意义有很大不同。

McNemar 检验主要用于两类情况。一类是某种处理对同一样本的某个特征是否存在影响。例如某学院举办了一次辩论赛，赛前做了一次调查，内容是：你是否赞成大学生在读书期间结婚？赛后再做一次同样内容的调查，研究问题是：学生对调查问题的态度转变是否与辩论赛有关？

统计每个学生的前后态度（表 13.4），注意表中的数值表示的是相同学生赛前与赛后的态度，例如其中的 59 表示赛前不赞成但赛后赞成的学生共有59 人：

表 13.4　McNemar 检验示例数据一

	赛后：赞成	赛后：不赞成	
赛前：赞成	101	121	222
赛前：不赞成	59	33	92
	160	154	314

在 R 中录入数据的方式如下：

```
> mydata <- matrix(c(101, 59, 121, 33), nrow = 2,
+ dimnames = list("before" = c("Approve","Disapprove"),
+ "after" = c("Approve","Disapprove")))
> mydata
          after
before     Approve Disapprove
Approve       101        121
Disapprove     59         33
```

其中 dimnames 参数的作用主要是标识出两个范畴及其各水平的意义，并不是必需的，但研究者要清楚数值的意义。本例的零假设是辩论赛前后发生了态度转变（一是赛前赞成赛后不赞成，二是赛前不赞成赛后赞成）的两类学生数量是一致的。

在 R 中用 mcnemar.test() 命令计算 McNemar 卡方值，由于表中的数值都很大，这里加参数 correct = FALSE 表示不使用连续性校正（见本章 13.6 小节中的说明）：

```
> mcnemar.test(mydata, correct = FALSE)


        McNemar's Chi-squared test


data:  mydata
McNemar's chi-squared = 21.356, df = 1, p-value = 3.815e-06
```

解读：p 值 3.815e-06 < 0.05，因此在 0.05 显著性水平上拒绝零假设，就是说辩论赛前后学生们对调查内容的态度有显著转变，或者说辩论赛对学生的态度有显著影响。

McNemar 检验的另一种情况是对两个配对样本进行比较，其中一个样本是另一样本的一一匹配，比如 A 组 1 号与 B 组 1 号匹配。这种类型通常称为 matched case-control study（case 即实验组，control 即控制组），在医学、心理学等领域用得很多。

假设我们为了做某个教学实验，找到了两组一一匹配的学生样本，人数均为 30（实际共 60 人），其中一组称为实验组，另一组称为对照组；对实验组用某个新型词汇教学方法进行教学，对控制组用常规教学方法教学。实验完成之后对这些学生做了一次词汇测试，统计了这些匹配的样本是否达到及格分数线：

表 13.5　McNemar 检验示例数据二

	控制组：及格	控制组：不及格	
实验组：及格	4	6	10
实验组：不及格	3	2	5
	7	8	30

注意表中的数字表示的不是常规意义上的人数，而是匹配数。例如表中的 3 表示实验组中未达到分数线，但控制组中匹配的学生达到了分数线，这样的情况共有 3 对。表中的 6 和 3 这两个单元格中的数值表示不和谐对（discordant pairs）的数量，意思是说在两个组中一个及格，另一个（匹配个体）不及格的情况共有多少。McNemar 匹配样本检验的目的是看这两个不和谐对的数量是

否一致，零假设是二者一致。表格右下角的数字是样本的容量，由于是匹配样本，所以其数值是 30 而不是 60。

计算方式与前面基本相同，首先输入和整理数据：

```
> mydata <- matrix(c(4, 3, 6, 2), nrow = 2,
+   dimnames = list("Case" = c("Pass","Fail"),
+   "Control" = c("Pass","Fail")))
> mydata
      Control
Case  Pass Fail
Pass     4    6
Fail     3    2
```

由于本例表格中的数字都很小，这里需要做连续性校正：

```
> mcnemar.test(mydata, correct = T)

        McNemar's Chi-squared test with continuity correction

data: mydata
McNemar's chi-squared = 0.4444, df = 1, p-value = 0.505
```

解读：p 值 0.505 > 0.05，因此在 0.05 显著性水平上不能拒绝零假设，这两个匹配样本没有显著差异。

13.9 习题

习题 1

某英语系想了解本届毕业论文的选题是否均衡。将所有选题分为文学、语言学、英语教学、社会文化和翻译共五大类，统计得到了以下数据，这个分布比例是否均衡？

文学 10，语言学 11，英语教学 15，社会文化 18，翻译 21

习题 2

某届英语教育专业两个班的学生经过教学实习后，实习学校对学生表现进行评价，有 A、B、C 三个等级，评价数据如下。这两个班学生的评价结果是否有显著不同？

一班：A 级 5 人，B 级 19 人，C 级 1 人

二班：A 级 7 人，B 级 18 人，C 级 0 人

习题 3

某班有 A、B 两位同学竞选班长，起初 14 人支持 A，9 人支持 B；经过竞选演说，10 人支持 A，13 人支持 B。竞选演说是否显著改变了同学们的选择倾向？

下　篇

第十四章　探索性研究中的统计方法

数十年来，随着语料库方法和计算机手段的飞速发展，量化的应用语言学研究越来越多。即使是以往被认为无法量化的语义研究，如认知语言学、构式研究等，也在借助语料库和量化统计方法，这种趋势已经不可阻挡。探索性研究（exploratory research）不同于本书中篇各章所讲的验证性研究（confirmatory study），例如"语料库驱动"（corpus-driven）的研究就是探索性的，不是从某个既定的假设出发从语料库中寻找例证，而是抱着开放的态度挖掘语料中的各种特征，这种精神非常契合认知语言学等所秉承的基于使用（usage-based）的研究原则。但是在我国的语言学界这类探索性研究似乎很少，各种统计教程中只有 Woods *et al.* (1986)，桂诗春、宁春岩（1997）有所涉及（具体文献信息请参见书末"相关文献推荐"部分）。

本章尝试介绍一些探索性统计分析方法，首先介绍因子分析以及与之类似的主成分分析，然后简单介绍聚类分析，希望有助于读者拓宽视野和研究手段。注意本章中用了 ggplot2 包，该包使用彩色图片，优点是图中可以表现更多信息，不过不太适合普通的出版与发表。

14.1　主成分分析与因子分析：基本概念

任何事物都是很复杂的，在对其了解不多的情况下，可以观察到很多特征。但显然并非所有的细节特征都同样重要，总有一些特征比其他特征更有区分价值。某些特征之间多少会有重叠，那么将其中最重要的特征提取出来，排除重叠变量的方法称为主成分分析（principal component analysis）方法。另外某些特征的本质可能非常相近，可以考虑合并在一起，这样就可以得到少数几个主要变量，研究难度就可以降低。因子分析（factor analysis）就是将相互关联的多个变量归并和简化为少数几个变量即因子（factor），从而降低数据分析的整体复杂度的重要方法。注意这里所说的因子与本书前面说的因子并不是同一个概念。主成分分析和因子分析其实是对复杂知识进行整理和简化的方法。

细节特征是通过直接观察得到的，而主成分和因子不是直接观察的结果，而是从细节特征中计算提取出来的。例如，如果研究学生的外语学习策略，可能会发现其纸质阅读习惯和观看学习视频的习惯所反映的信息有不少交叉，相关度很高，那么就可以将二者通过二元回归方程合并成为一个主要特征，即主成分。另外在计算文体学领域，在考察篇章的语体特征时，"平均词长""平均句长""平均段落长"这几个变量的关联度很高，可以提取为一个因子，比方说称之为"形式特征因子"。

主成分或因子的提取涉及复杂运算，一般要借助计算机。但必须意识到，软件所做的只是数字计算而不是意义分析，不会给因子下定义，该如何解释和分析要由研究者来判断。

任何事物多少都有区别，在每个具体特征上都存在差异（variance）；一个因子能解释多少个方面的差异，能说明多少问题，可用特征值（eigenvalue，也译本征值）表示，例如特征值为 3.2 的因子可以解释 3.2 个变量造成的差异；特征值越大的因子越有概括价值，因而越有理论意义；而特征值很小的因子价值不大，一般被忽略。变量与因子之间的关系用因子载荷（factor loading）衡量表示，详见后面的例子。

14.1.1　主成分分析

假设对全国所有高校的外语院系做一次调查，设计了很多个变量，包括师资配备、师生比、教师科研情况、学科的社会影响、硬件设备情况、生源情况、招生数量、学生性别比例、学科竞赛成绩、在校学生发表论文数量、就业率、考研率、专业水平测试平均成绩、开设专业的数量、课程设置、学时设置、学分设置等数十个方面，并获得了丰富数据。这些变量固然都有意义，但显然很杂，而且所反映的内容有不少重叠，研究者很容易迷失在庞杂的数据中。如果能找到几个互不重叠的综合性指标，用这些指标就可以概括这些变量所反映的诸多复杂性，那就能更好地把握各高校外语院系之间的主要差异。

对研究课题来说，变量并不是越多越好，如果用少数几个互不交叉的变量就可以解释大部分差异，研究的复杂度就可以大大降低，这无疑更有利于课题研究的开展。从多个变量中提取少数主要成分的方法称为主成分分析（principal component analysis）。

主成分分析在R中有两个主要的命令，都在默认加载的 stats 包中，一个是 prcomp()，另一个是 princomp()，这里使用前者。prcomp() 命令有两个重要参数，第一个是数据矩阵或数据框，另一个是 scale 选项，其值为 TRUE 或 FALSE，一般设为 TRUE。数据可视化在因子分析中用得非常多，可以用 factoextra 包中的命令实现，该包调用了 ggplot2 包，制出的图非常精美，而且由于使用大量彩色图片，表示的信息量更大。下面举例对此进行说明。

欧盟发布的 28 个成员国的性别平等指数数据中，相关特征分为六个大类（domain），每类中有若干个子类（sub-domain）即具体变量，各子类变量的意义在数据（Excel 表格文档[1]）中有详细说明。

首先导入数据，其中选项 row.names = 1 的作用是告诉 R 将第一列（各国代码）视为各行的名称：

```
> eu <- read.csv("eu_genderequality2015.csv", header = T,
+   row.names = 1)
```

分析的主要步骤是用 prcomp() 命令计算主成分，这里将结果存入对象 eu.pca：

```
> eu.pca <- prcomp(eu, scale = TRUE)
```

因子分析结果非常抽象，所以可视化非常重要，这里用 factoextra 包制图。由于这个包调用了 ggplot2 包，默认大量使用彩色图片，所以图中的一些细节读者可能看不清楚，建议自己用数据进行试验，查看制图效果。

首先可用 fviz_eig() 命令，用碎石图（scree plot）查看各主成分的特征值，即其解释多少差异（百分比）：

1　该表可从 https://eige.europa.eu/sites/all/modules/custom/eige_gei/app/content/downloads/ gender-equality-index-2005-2010-2012-2015.xlsx 下载，是一个 Excel 数据表，编者已将其中 2015 年的部分导出为 CSV 数据文档 eu_genderequality2015.csv，作为本节中的示例，去掉了大类变量，只保留了 14 个子类变量；数据表的第一列是欧盟各国家的代码。简化后的数据表可向编者（arthur0421@163.com）索要。

```
> library(factoextra)
> fviz_eig(eu.pca)
```

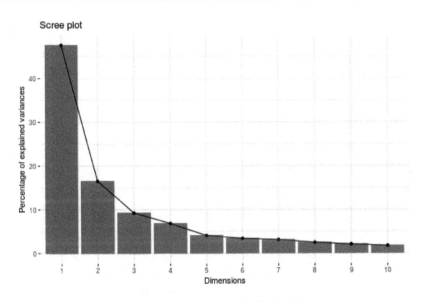

图 14.1　主成分分析中的碎石图

碎石图在因子分析或主成分分析中直观地呈现因子数量（横轴）及其特征值（纵轴），形状都呈与图 14.1 类似的 L 形，中间有一个拐点（elbow）；将这种图尤其是其中的拐点与特征值数据结合起来，可以判断出因子或主成分的最佳数量。上图中显示了十个主成分，碎石图按各主成分的特征值从高到低排列显示。要想知道具体的特征值可用以下命令：

```
> get_eigenvalue(eu.pca)
        eigenvalue variance.percent cumulative.variance.percent
Dim.1   6.65871291       47.5622351                    47.56224
Dim.2   2.31102119       16.5072942                    64.06953
Dim.3   1.29442490        9.2458921                    73.31542
Dim.4   0.95643324        6.8316660                    80.14709
Dim.5   0.56920679        4.0657628                    84.21285
Dim.6   0.47130082        3.3664344                    87.57928
Dim.7   0.43041872        3.0744194                    90.65370
Dim.8   0.34136296        2.4383069                    93.09201
```

Dim.9	0.28354204	2.0253003	95.11731
Dim.10	0.23699862	1.6928473	96.81016
Dim.11	0.16209530	1.1578236	97.96798
Dim.12	0.15768364	1.1263117	99.09429
Dim.13	0.07597160	0.5426543	99.63695
Dim.14	0.05082728	0.3630520	100.00000

可见第一个和第二个主成分加在一起的累积解释量（cumulative.variance. percent）是 64.06953%，就是说可以解释原始数据中约 64% 的差异。

下面可以用 `fviz_pca_ind()` 方法，用二维坐标系方式将每个观察点（即各成员国）在两个主成分维度上的位置标出。横轴和纵轴分别代表第一个和第二个主成分；每个数据点都表示一个个体；特征相似的点的距离更近：

```
> fviz_pca_ind(eu.pca,
+     col.ind = "cos2",              # 根据表征质量决定颜色
+     gradient.cols = c("#00AFBB",   # 图例最低点颜色
+                       "#E7B800",   # 图例中点颜色
+                       "#FC4E07"),  # 图例最高点颜色
+     repel = T)                     # 各点的标签不要重叠
```

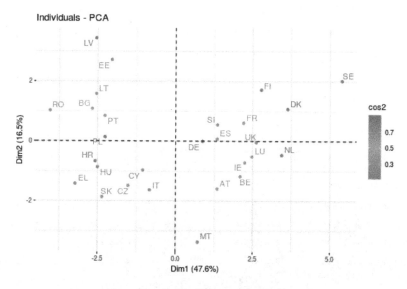

图 14.2　主成分分析中的个体距离图

　　图中各点的相对位置及其颜色可以直观地表达出哪些成员国的特征更加接近或更远，不过注意这只是在第一个和第二个主成分的维度上计算的结果。

　　另外需要说明的是，ggplot2 包常用十六进制方式设定颜色（建议读者上网搜索"十六进制颜色码"），以使颜色选择更丰富；当然用其他方式表示也是可以的。

　　另一个有用的图是变量图，用 **fviz_pca_var()** 命令，表示原数据中各变量之间的关系，横轴和纵轴也分别代表第一和第二个主成分：

```
> fviz_pca_var(eu.pca,
+   col.var = "contrib",            # 根据对主成分的贡献设定颜色
+   gradient.cols = c("#00AFBB", "#E7B800", "#FC4E07"), repel = T)
```

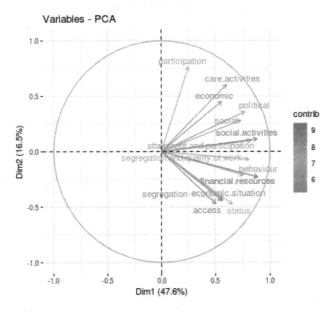

图 14.3　主成分分析中的变量关系图

　　图中每个箭头向量代表数据中的一个变量，两个向量之间的夹角越小，表示这两个变量的相关性越强；向量的颜色表示的是其对主成分的贡献（contrib）大小。在本例中，social.activities（参与社会活动的多少）这个变量与 attainment.and.participation（社会成就与参与度）就有非常紧密的相关，所

以夹角很小。所有变量都在中轴的右侧，表示这些变量对第一个主成分的贡献都是积极的；至于对第二个主成分的贡献，则有的是积极的，有的是消极的。

另外还有一种双标图（biplot），这种图将个体值与变量显示在同一个坐标系中，大致相当于上面两种图的结合，所以图中的某些信息与上面的两种图是相同的。在主成分分析的双标图中，两个轴同样表示两个主成分及其解释的数据变异量；每个数据点也表示一个个体（即成员国），这些点在坐标系中的位置代表个体在两个主成分维度上的特征值；箭头表示的向量代表各个变量，变量间的夹角的余弦对应变量间的相关度：

```
> fviz_pca_biplot(eu.pca, repel = T,
+   col.var = "#2E8EDF",          # 变量的颜色，在此为固定值
+   col.ind = "#474747")          # 个体的颜色，在此为固定值
```

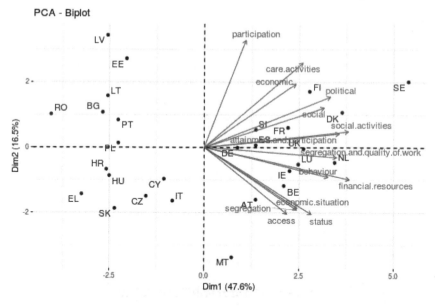

图 14.4　主成分分析中的双标图

需要注意的是上面的几种图都是以第一个和第二个主成分为坐标轴形成二维坐标系，虽然效果很直观，不过只能呈现两个主成分，这确实是一种局限。

14.1.2　探索性因子分析

探索性因子分析（exploratory factor analysis），是从一些观察变量中寻找一些隐性的（latent）即无法直接观测的因子，将多个互为相关或者说本质相同的变量归并为少数因子，如多维分析就从 67 个细节特征中归并出了六个因子。"探索性"指的是研究者事先不知道有哪些隐性变量，另外分析的步骤需要重复数次，直到取得最佳的因子数目。

语料库语言学领域的一个经典例子是 Douglas Biber 教授于 20 世纪 80 年代后期提出的对语体变异的多维度分析（multidimensional analysis），它就是以因子分析为主要方法的。Biber 认为每种语体类型（genre）都体现为多个语言特征的组合，比如第一人称代词用得更多则语篇的个人参与（involvement）程度更高，动词过去式用得更多则语篇更有叙述性（narrative），等等。Biber 首先选取了词汇、语义、语法等层面上的 67 种语篇特征，对 Brown 语料库做细致标注并计算各特征的频数，然后用因子分析将这些特征归并为六个方面，Biber 称这六方面为维度（dimensions）并为其各自命名，如其中一个维度被称为 "Involvement vs. Informative"。由于每个语体都由若干语言特征组成，如果为每种类型的语篇计算出一个值，则各类型语篇在每个维度上都会处在不同的位置，这样就可以用少数几个维度来区分不同的语篇类型，比如私人日记类型的语篇很可能有明显的叙述性特征等，就是说每种类型的特征都可以用多个维度上的分数的组合来衡量。

另外如果考察一组学生的多门课的成绩，会发现某科成绩好的学生另外一些科目的成绩也比较好，这说明可能存在某种共同的隐性因素影响这些成绩，比如抽象思维能力、记忆力倾向等。

英国巴斯大学做的一次关于性格特征的问卷调查数据（http://staff.bath.ac.uk/pssiw/stats2/personality.sav）中共包含 44 个问题，回答选项均设计为 Likert 五级量表；变量名称均由 PERS 加数字构成，如 PERS12。由于原数据是 SPSS 格式，需要转换导入：

```
> library(foreign)
> mydata <- read.spss("personality.sav", to.data.frame = T)
```

以下分析需要加载 psych 包：

```
> library(psych)
```

用该包中的 `fa.parallel()` 命令做平行分析（parallel analysis），判断因子的个数：

```
> fa.parallel(mydata,
+    fm = "minres",   # 采用最小残差 (minimum residual) 方法
+    fa = "fa")       # 显示的特征值为主轴因子分析的特征值
Parallel analysis suggests that the number of factors = 7
 and the number of components =  NA
```

可见最佳的因子数目是 7。`fa.parallel()` 命令同时输出碎石图（psych 包并非基于 ggplot2，生成的图略显简陋），表示主因子的特征值与因子数目之间的关系：

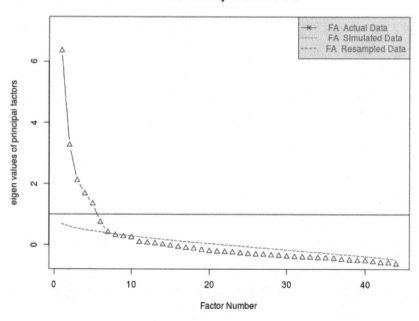

图 14.5   探索性因子分析中的碎石图

图中横轴是初始的因子数量，与变量的数目相同，共 44 个；纵轴是主因

子的特征值。在图例中，实线线条表示实际数据，虚线线条表示模拟的和重新
采样的数据，其交叉点是实际数据与模拟数据之间差距最小的位置。从图中看
出 7 是合适的因子数目。

这里可以用 psych 包中的 `fa()` 命令：

```
> sevenfactors <- fa(mydata, nfactors = 7, rotate = "oblimin",
+    fm = "minres")
```

其结果包含很多方面的信息，包括所有观察变量与各因子之间的所有载
荷。下面仅显示各变量对各因子的载荷，其中 cutoff = 0.3 表示仅过滤出载荷
绝对值在 0.3 以上的部分，其他不显示，这样看得更清楚：

```
> print(sevenfactors$loadings, cutoff = 0.3)
Loadings:
         MR1     MR2     MR3     MR5     MR4     MR6     MR7
PERS01          -0.684
PERS02                          -0.490          0.324
PERS03   0.646
PERS04                   0.501
PERS05                                  0.590
PERS06           0.712
PERS07                           0.470
PERS08  -0.600
PERS09                  -0.715
PERS10                                  0.347
PERS11                                          0.455
PERS12                          -0.309
PERS13   0.533
PERS14                   0.645
PERS15                                  0.483
PERS16                                          0.425
PERS17                           0.355
PERS18  -0.701
PERS19                   0.574
PERS20                                  0.479
PERS21           0.834
```

```
PERS22                          0.594
PERS23 -0.619
PERS24              -0.628
PERS25                               0.474
PERS26       -0.329                        0.360
PERS27              -0.345
PERS28  0.586
PERS29         0.432
PERS30                                          0.682
PERS31    0.650
PERS32              0.587
PERS33  0.604
PERS34         -0.610
PERS35
PERS36       -0.543                   0.319
PERS37              -0.417
PERS38  0.484
PERS39    0.377  0.421
PERS40                   0.589
PERS41                                    -0.546
PERS42              0.541
PERS43 -0.496
PERS44                                          0.544


                MR1    MR2    MR3    MR5    MR4    MR6    MR7
SS loadings    3.461  3.151  2.999  2.400  1.811  1.368  1.296
Proportion Var 0.079  0.072  0.068  0.055  0.041  0.031  0.029
Cumulative Var 0.079  0.150  0.218  0.273  0.314  0.345  0.375
```

　　MR1、MR2 等就是因子分析中得到的七个因子。从上面的结果中可见有四个变量（PERS02、PERS26、PERS36、PERS39）对超过一个因子有绝对值在 0.3 以上的载荷。因子的计算就是以这些载荷值为基础。

　　下面可以用 **fa.diagram()** 命令制图，直观地观察变量与因子之间的关系，就是说哪些变量组成哪些因子：

```
> fa.diagram(sevenfactors, cex=2, rsize=.2, e.size=.05)
```

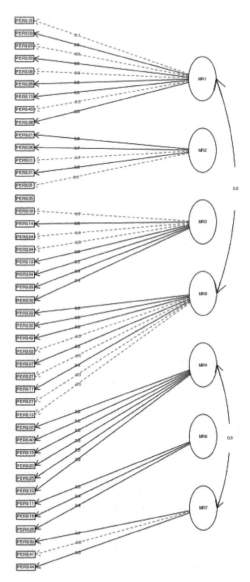

Factor Analysis

图 14.6 因子与变量之间的关系图

由于本例中的变量数目很多，该图可能看不清，建议读者在 RStudio 中自己试验后仔细查看。接下来非常重要的一步是解释这七个因子的意义，由于这需要研究者对各因子所对应的各变量的共性做分析判断，这并不是统计软件的任务，在此不详述。

（注：本例的操作方法主要来自 https://www.promptcloud.com/blog/exploratory-factor-analysis-in-r/）

14.2 聚类分析

有些事物比较相似，有些不那么相似；事物都有多个特征，这些特征与事物之间的相似度是有关系的。聚类分析（cluster analysis）是按特征的相似程度将某些对象聚在一起成簇（cluster），能比较清楚地指示出数据中各观察个体之间的关系，这是探索性数据挖掘（data mining）的主要任务，是一种在很多领域被大量应用的常见分析技术。聚类分析有多种算法（method），细节这里不详述。

14.2.1 层级聚类

这里用前面第 14.1.1 节中提到的欧盟成员国性别平等指数的数据为例来说明层级聚类（hierarchical clustering）的方法。第 14.1.1 节说过，该数据集是 28 个国家（因此表国家代码的有 28 行）在 14 个特征（因而有 1+14 列，第 1 列是国家代码）上的表现，体现的是各国性别平等的衡量结果。那么哪些国家在结果方面更接近？在 R 中可以很方便地画出一个树状聚类图（dendrogram）。首先读入数据：

```
> mydata <- read.csv("eu_genderequality2015.csv", header = T)
```

下面先用 dist() 命令根据数据表中第 2 到 15 列的值计算各行之间的两两距离即差异（dissimilarity），该命令要求数据按列组织，即列是特征，行是观察值，本例符合要求，因此可直接计算。以得出的结果 d 为 hclust() 命令的数据对象，该命令有多种方法（method），默认方法是 complete，这里采用默认方法：

```
> d <- dist(mydata[,2:15])
> cl <- hclust(d)
> plot(cl)
```

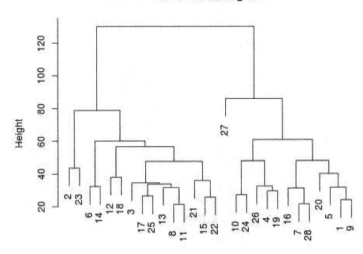

Cluster Dendrogram

dist(mydata[, 2:15])
hclust (*, "complete")

图 14.7　欧盟成员国 2015 年性别平等指数树状聚类图

　　观察原数据表，可以看出哪些国家之间的距离更近，比如 2（保加利亚）和 23（罗马尼亚）距离很近，7（爱尔兰）和 28（英国）距离很近，等等。（注意这些序号是数据表中除标题行以外从国家名开始的行号）

　　这类方法可以用于文本聚类（text clustering; text grouping），在信息情报、图书馆学、自然语言处理、人工智能等领域是常见需求。基于对 N 个对象语篇的细致分析，为每个语篇得出 M 个特征上的数据，列成一个 N*M 数据表，就可以用聚类方法计算出语篇之间的距离远近，当然这有赖于多维特征的有效提取。感兴趣的读者可以了解一下 stylo 包，这个包主要用于计量文体学研究（stylometrics），根据特征和相似度实现文本聚类。

14.2.2　K-means 聚类

另一种主要的聚类方法称为 K-means 聚类，是一种"无监督机器学习"(unsupervised machine-learning) 的算法，这里不描述技术细节。下面的数据来自教育部的网站，是 2015 年我国各省、自治区、直辖市的普通高校个数（未包含香港特别行政区、澳门特别行政区和台湾省的相关数据）。以下是数据的总体情况，这里考察各地高校的分布：

```
> mydata <- read.csv("hei_by_prov_2015.csv", header = T)
> mydata
     区划  直属 本  专  本加专 地区
1    北京    37 66 25     91 华北
2    天津     3 29 26     55 华北
3    河北     4 58 60    118 华北
4    山西     0 31 48     79 华北
5    内蒙古   0 17 36     53 华北 1
6    辽宁     5 65 51    116 东北
7    吉林     2 37 21     58 东北
8    黑龙江   3 38 43     81 东北
9    上海    10 38 29     67 华东
10   江苏    10 77 85    162 华东
11   浙江     2 57 48    105 华东
12   安徽     2 44 75    119 华东
13   福建     2 35 53     88 华东
14   江西     0 42 55     97 华东
15   山东     3 67 76    143 华东
16   河南     1 52 77    129 中南
17   湖北     8 67 59    126 中南
18   湖南     3 51 73    124 中南
19   广东     5 62 81    143 中南
20   广西     0 36 35     71 中南
21   海南     0  6 11     17 中南
22   重庆     2 25 39     64 西南
```

---

1 内蒙古位于中国北部边疆地区，此处笔者为便于统一数据形式，根据内蒙古的整体位置将其划分为华北地区。

23	四川	6	51	58	109	西南
24	贵州	0	27	32	59	西南
25	云南	1	31	38	69	西南
26	西藏	0	3	3	6	西南
27	陕西	6	55	37	92	西北
28	甘肃	2	22	23	45	西北
29	青海	0	4	8	12	西北
30	宁夏	1	8	10	18	西北
31	新疆	0	18	26	44	西北

制图：

```
> library(ggplot2)
> ggplot(mydata, aes(mydata$直属,mydata$本加专,color = mydata$区划)) +
+   geom_point()
```

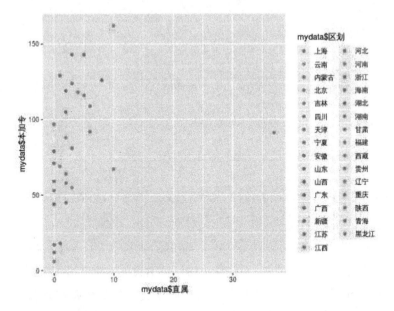

图 14.8　中国各省、自治区、直辖市直属高校和其他高校的数量
（未包含香港特别行政区、澳门特别行政区和台湾省的相关数据）

图中最明显的是北京（最右的点），其直属高校数量遥遥领先于其他省、自治区、直辖市（由于本图为彩色制图，读者可自行进行类似操作查看效果）。

K-means 聚类用 `kmeans()` 命令，该命令对一个数据矩阵进行聚类：

```
> mycluster <- kmeans(mydata[, c("直属","本加专")], 3, nstart = 20)
```

K-means 方法要求必须指定要分成多少个簇，这里分成了三个；nstart=20
的作用是命令 R 从 20 个随机分配的数据集中选取簇间差异最小者（K-means
需要从多种分簇方式中计算出最优的一个）。

```
> mycluster
K-means clustering with 3 clusters of sizes 6, 11, 14

Cluster means:
      直属      本加专
1 0.500000  23.66667
2 4.454545 126.72727
3 4.714286  73.14286

Clustering vector:
 [1] 3 3 2 3 3 3 2 3 3 3 2 2 2 3 3 2 2 2 2 2 3 1 3 2 3 3 1 3 1 1 1 1

Within cluster sum of squares by cluster:
[1] 1396.833 2898.909 4092.571
 (between_SS / total_SS =  83.9 %)

Available components:

[1] "cluster"      "centers"      "totss"        "withinss"
[5] "tot.withinss" "betweenss"    "size"         "iter"
[9] "ifault"
```

以上分成了分别由 6、11、14 个省、自治区、直辖市组成的三个簇。
Cluster means 是指按三个簇与两个水平做交叉分组后的每组均值，这是
K-means 的核心计算方式。其他细节这里不详述，不过细心的读者可能已经发
现，其中某些概念与方差分析非常相近。

下面以三个簇和各地区进行交叉制表：

```
> table(mycluster$cluster,mydata$ 地区 )
```

将簇转换为因子变量：

```
> mycluster$cluster <- as.factor(mycluster$cluster)
```

查看 K-means 聚类制图：

```
> ggplot(mydata, aes( 直属 ,本加专 ,color = mycluster$cluster)) +
+   geom_point()
```

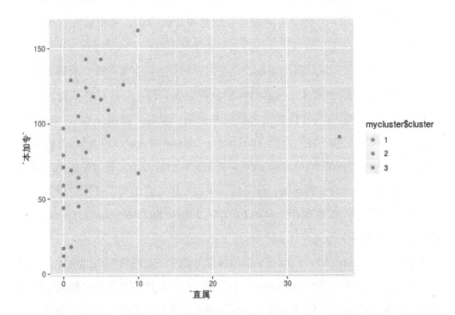

图 14.9　中国各省、自治区、直辖市直属高校和其他高校的数量
（未包含香港特别行政区、澳门特别行政区和台湾省的相关数据）

由于彩色的差异可能看不清，建议读者自行制图查看效果。上图中将各省、自治区、直辖市分成了图例所示的三个簇，清晰地落在三个区间；横轴代表直属高校的数量，纵轴是其他高校的数量。

第十五章 搭配构式分析及其主要类型的实现步骤

15.1 搭配构式分析简介

搭配构式分析（collostructional analysis）是 Stefan Th. Gries 和 Anatol Stefanowitsch 于 21 世纪初共同提出的概念和分析方法，是将认知语言学与统计方法进行密切结合的典型。该方法很大程度上克服了认知语言学和构式研究中的主观性以及传统语料库搭配研究中对原始频数的过度依赖，将理论思辨与实证数据紧密结合起来，从语料库中获取数据支撑，与传统构式研究相比更具说服力。搭配构式分析分为三种主要类型，即搭配词位分析（collexeme analysis）、区别性搭配词位分析（distinctive collexeme analysis）和共变搭配词位分析（covarying collexeme analysis）。搭配构式分析方法主要是围绕构式对横组合关系的研究。为节省篇幅，这里假设读者已经阅读了构式搭配分析方法的几篇核心文献（Gries & Stefanowitsch 2004a, 2004b; Stefanowitsch & Gries 2003, 2005; Hilpert 2014）[1]。

在技术上，搭配构式分析对早期语料库方法中搭配研究所用的统计方法如卡方做了反思，指出这些传统统计方法存在一些明显缺陷，主要是假设语词在语料库中呈正态分布，但这个假设往往不成立，尤其是那些相对低频的语词更是如此，因此卡方计算不够精确（见第 13.6 节）的缺点就更加明显；而用精确检验可以克服这些缺陷，所以转而采用 Fisher 精确检验（见第 13.7 节）来计算 p 值。另外，由于构式分析的对象是很多个词位，对每个词位都需要做一次计算，整个过程要分很多次进行，这只有通过编程才能高效地完成，所以用 R 做这种分析是最佳选择。但由于 Fisher 精确检验的计算量非常大，在搭配构式分析方法最初提出的时代(21 世纪初) 使用桌面计算机完成这些计算还相当吃力，

---

1 文献详细信息请参见本书的"相关文献推荐"部分。

不过今天这个问题已经基本不复存在。

　　Gries 将三类分析的计算方法写成了一个 R 脚本 coll.analysis.r，极大地简化了分析过程。该脚本可以从 http://www.stgries.info/ 下载，建议同时下载该网页上的各种样例数据文档以及说明文档，以便学习脚本的使用方法。这个工具将计算过程的细节都写到了脚本里，普通用户并不直接接触计算的细节，只要在运行脚本时根据每一步提示逐步完成操作，最后就可以得到输出的结果。对 R 的命令与编程比较熟悉的用户可以阅读该脚本的源代码，查看运算的细节。（另外 Gries 会经常更新脚本的版本，如果感兴趣可以向他本人 <stgries@linguistics.ucsb.edu> 提出索要请求。）

　　用户可以选择计算搭配强度的方式，共有以下几个选择（一般选择第一种）：

- -log10 (Fisher-Yates exact, one-tailed)：这是默认方法，用 Fisher 精确检验计算，由于计算的原始 p 值常远远小于零，不是很直观，所以脚本不输出原始 p 值而是取其以 10 为底的对数然后取相反数，从而得到一个大于零的搭配强度，值越大搭配强度越高，比原始 p 值更容易理解一些；
- log-likelihood：对数似然比；
- Mutual Information：互信息；
- Chi-squared：卡方；
- log10 of odds ratio (adds 0.5 to each cell)：比值比（odds ratio）的对数。

　　除第一种外，其他多数计算方法可从各种语言学教程中看到。脚本输出结果的末尾注明了搭配强度的值的不同水平与 p 值的对应关系。

　　使用该方法时必须注意，计算结果不能代替研究者的思辨，所以得到计算结果后还需要做非常细致深入的解读与分析。以下简要介绍该方法的三种主要类型的分析过程。

15.2　搭配词位分析

　　搭配词位分析的主要目的是考察不同的词位（lexeme）与同一构式的搭配强度（collostructional strength），也就是说哪些词位与该构式的搭配关系更紧密（称为吸引，attraction）或更松散（称为排斥，repulsion）。

这里以 [HAVE to V] 构式为例，研究其中的动词 V 与构式的搭配强度，分析该构式与哪些动词词位的搭配强度高，与哪些的搭配强度低。

确定所用的语料库之后，借助其他语料库软件如 AntConc 或 CQPweb 平台（建议尽量用后者），将基本数据从语料库提取出来，包括：

1. 语料库的总容量
2. [HAVE to V] 构式在库中的总频数
3. V 在库中的总频数
4. V 出现在 [HAVE to V] 构式中的总频数

注意由于构式中的 HAVE 有各种屈折形式（have、has、having、had），这些屈折形式的频数应合并计算，在 CQPweb 平台上可用 lemma 的方式查询，如 {have}；另外由于构式可能表现为 HAVE got to V 这一形式，检索时也应当将这一形式的频数考虑在内，查询表达式可写成 {have} got* to _VVI。至于后面的 V 则只有动词原形的形式。查询（query）的具体方法，与所用的软件以及语料的标注码有关，超出了本书的范围，这里不详述。注意必须精心设计检索方式，不要有遗漏，而且必须逐一阅读每行结果，去掉那些与本研究无关的部分，以确保每个数值的精确性。显然研究者必须投入大量的时间精力，但这是该分析方法的基本要求之一。

将以上第 3、4 两组数据列成表（数据来自 https://cqpweb.lancs.ac.uk/ 上的 BNC XML），表中第 1 列是词位，第 2 列对应上述第 3 组数据，第 3 列对应第 4 组数据，每行之内都要一一对应。

表 15.1　搭配词位分析所用的数据表结构示例

WORD	Freq_in_CORPUS	Freq_in_CONSTRUCTION
go	228985	541
work	16716	67
wait	4933	32
...	...	...

将上述数据保存制成 CSV 文档，注意第一行必须是标题行，标题行中不要有空格（可以用下划线代替）；列与列之间用制表符分隔（注意不是用逗号）。

根据脚本中的要求，表中不允许出现数值分隔符或小数点。

运行 coll.analysis.r 脚本。假设该脚本在工作目录中，可在 Files 列表中点击打开，然后点击 Source，或者按组合键 Ctrl+Shift+S，脚本即开始运行；也可以使用命令行：

```
> source("coll.analysis.r")
```

运行过程分为多个步骤，很多是文字提示，有些是计算过程，用起来其实相当容易，这里按顺序描述如下（每一步后均按回车继续）：

1. 脚本提示用户仔细阅读该工具的各种文档，包括样例和说明文档，这一步无须输入任何内容；

2. 脚本提示用户该工具的引注方式，要求用户在研究的参考文献中列出，这一步无须输入任何内容；

3. 脚本对本分析方法做简单介绍，用户选择要做哪类分析；本例是做搭配词位分析，所以选 1；

4. 给所研究的构式取一个名字，如 HAVE_TO；

5. 输入语料库的容量；

6. 输入构式在库中的频数；

7. 选择想用哪个方法来计算搭配强度，共五种选择，选 1（默认方法）；

8. 选择计算结果的排序方式，共四种选择，建议选 4；

9. 输入计算结果中想显示的小数点形式，或者输入 99（默认）；

10. 仔细阅读脚本介绍的两种数据表格式（本例属于第二种类型），这一步无须输入任何内容；

11. 在打开的文件选择对话框中找到原始数据表；

12. 选择计算结果的输出位置，共两种选择，建议选第 1 种即输出到文本文档中，如果文档已存在则附加在原内容后面；

13. 脚本此时提示需要用户输入用于存储计算结果的文本文档名，这一步暂时无须输入任何内容；

14. 在打开的文件选择对话框中找到想要存储计算结果的文档，建议选择原始数据文档。

如果脚本没有提示其他信息，而是直接回到命令提示符，整个计算过程就已经完成了。现在可以用任何文本编辑器打开输出文档，查看计算结果，其末尾处注明了搭配强度的意义。

15.3　区别性搭配词位分析

区别性搭配词位分析（distinctive collexeme analysis）的目的是通过考察同一词位出现在两个相似构式中造成的差异，来对这两个构式进行区别。如果要区别的构式有三种以上，这种分析被称为 multiple distinctive collexeme analysis，不过由于计算量特别大，所以用的统计方法与只有两种构式的情况有些区别（这种区别在脚本内部有解释）。

这里假设我们想比较 [HELP N V] 和 [HELP N to V] 两个相近构式，通过其中出现的 V 词位来研究这两个构式有什么区别。

这里假设选择的语料库是与上一节相同的 BNC，首先要仔细分析研究的两种构式在语料库中可能有哪些具体的表现形式，从而确定查询表达式（query）要怎样编写。例如，HELP 作为谓语动词肯定有多种屈折形式，而其宾语可能是单个名词或代词，也可能是 NP（由多个词组成的串）；后面的 V 则只能是动词原形。根据所用的软件平台，建议使用通配符、正则表达式（regular expression）等编写查询表达式。

然后在库中将所有查找结果（包括两个构式的结果）中出现的 V 动词列出来，找到 V 在两个构式中各自出现的频数 F1 和 F2，列成下面这种结构：

表 15.2　区别性搭配词位分析所需要的数据表结构

WORD	Freq_in_HELP_N_V	Freq_in_HELP_N_to_V
make	86	47
have	0	0
get	207	94
...	...	...

将该数据表保存为 CSV 文档，格式要求同上。

在 R 中运行脚本，按步骤完成。由于各步骤均有明确的文字提示，这里不再重复。

15.4 共变搭配词位分析

共变搭配词位分析（covarying collexeme analysis）的目的，是考察同一构式中不同槽位（slot）上的词位之间的共变关系，就是说在该构式中的两个槽位中，槽位 A 上的哪些词位与槽位 B 上的哪些词位倾向于同时出现。

这里以 [V-ing ADJ] 构式为例，研究诸如 steaming hot、freezing cold 这类结构中前后两个词之间的搭配关系。需要注意的是，在语料库中查取这种构式的难度比较大，因为很可能提取的词串虽然形式符合要求但并不属于这种构式，如 the promising young cook 中的两个形容词，由于很难找到高效的查询手段，因此需要从查询结果中排除大量无关结果。这种情况下显然最好能找到经过细致而准确标注的语料库，但无论如何，逐条筛选都是必不可少的步骤。

假设经过仔细查找和过滤之后，得到了所需要的结果，从中提取了两个槽位上的所有词位。然后将这些数据列成如下面这种结构的表，注意这里需要的不是数字而是词位本身。

表 15.3　[V-ing ADJ] 构式的共变搭配词位分析所需的数据表结构示例

SLOT1	SLOT2
steaming	hot
steaming	drunk
steaming	white
freezing	cold
...	...

将该表保存为 CSV 数据文档，要求同上。然后运行脚本，按照步骤逐步完成。

第十六章　关于统计方法和研究设计的思考

以上各章介绍了各类统计检验方法。但在编者印象中，外语界大多数人都觉得包括统计在内的各种研究方法只是现成的工具，只要记住操作步骤就可以了，不值得花很多时间去学。这种观念直接导致很多外语院系的研究生课程体系中方法类课程学时偏少，不受重视。这种想法其实是建立在一种假设基础上，即研究者都懂得如何根据情况做出正确判断。本章作为全书的结语，对这一假设做一些深入思考，旨在提醒读者只记住一些基本操作和注意事项是不够的，应当充分理解研究工具，树立正确的科学意识。

16.1 "p 值危机"带来的思考

几乎所有统计教程的核心内容都是 p 值和假设检验。然而近些年来科学界不断有人发表文章，从宏观方法论层面讨论统计检验本身的真正意义。2018 初学术界发生了一件大事，美国极具影响力的《政治分析》（*Political Analysis*）期刊宣布禁用 p 值，美国统计学会（ASA）随后不久基本确认了其合理性。这个事件在科学界可以说引起了一场地震，因为 p 值一直被视为显著性判断的标准，尽管 20 世纪初 R. Fisher 才正式提出这个概念。p 值被抛弃这一新情况被很多人称为"p 值危机"，直接威胁到经典统计学的基础。这里对该情况做一尝试性的解读。

统计检验大致就是从总体中取出随机样本做检验，如果结果与零假设一致，就不能拒绝零假设；如果不一致，则拒绝零假设，认为备择假设为真。显著性检验的目的是衡量观察证据与零假设不一致的强度有多大。按普通理解，p 值、alpha、H_0、H_1 这些基本概念的关系大致如下：

表 16.1 统计检验中对结果的常规判断方式

A	如果 H_0 为真，则 H_1 不为真，反之亦然
B1	如果 $p \geq$ alpha，则 H_0 不为假，检验无显著意义
B2	如果 $p \leq$ alpha，则 H_0 为假，H_1 为真，检验结果有显著意义

做量化研究时检验结果取得显著性（B2）无疑更令人兴奋。但人们在读文献时常常忘记很重要的一点，即检验结果是 B1 还是 B2 与样本有直接关系。由于所有随机样本都有抽样误差，所以用不同样本做检验，p 值都会有区别。如果抽取很多个样本做多次检验，有的检验会取得显著性，有的则没有显著性；统计原理告诉我们，只要抽取足够多的样本，总会有一部分样本会取得显著性。然而在实践中人们往往只汇报那些取得了显著性的检验结果即 B2，却不汇报未取得显著性的检验结果即 B1，这是因为显著性一直以来被认为是研究意义的标志，很多学术期刊只对取得了显著性的研究感兴趣，所以就只刊发这种文章。选择对自己有利的结果，忽略不利的结果，这就是统计学领域常说的"摘樱桃"（cherry picking）错误，即只摘色泽和外观漂亮的樱桃，忽略那些不漂亮的。

这样看来，如果只看文献中的 p 值，结论是靠不住的，它的作用并没有以前认为的那样大。按 ASA 的说法，p 值只表示观察数据与理论模型不相符的概率，但不表示研究假设成立的概率，所以只汇报一个小于 alpha 的 p 值是没有意义的，应当同时汇报所有的检验结果，包括那些没有取得显著性的检验结果，这恐怕会在科学界引发一场巨大的变革。

另外 ASA 还建议将古典统计学（基于 p 值和统计检验的统计，被称为频率主义 frequentism）与贝叶斯统计学（Bayesian statistics）结合起来。频率主义要求一切都要建立在客观的观察和公认的统计检验原则基础上，不允许主观因素存在，而贝叶斯统计学引入了先验概率（prior probability，也译作先前概率、事先概率）的概念，认为根据对某类事件的先前发生情况的了解（例如已经知道某个骰子被人做了手脚，各面的概率不再都是六分之一），就可以对该类事件将来发生的概率有更准确的估计，这就意味着允许一些主观因素的存在。由于篇幅所限，这里无法展开，但编者可以从多数人已经很了解的研究设计的角度做一解释：对研究者来说，本领域的文献回顾做得越充分，也就是对已有的成果和结论掌握得越详尽，自己的研究的准确度就越高。然而由于各种学术期刊中已经发表的文献几乎都只是描述那些取得显著性的实验，未取得显著性的几乎看不到，所以从文献中获得关于先验概率的全部知识是不可能的。这样，任何新的科学研究在多大程度上站得住脚都不得而知。

据编者了解，前面所说的这一轰动性新闻发生之后我国外语界还没做出反应，各种基于统计的研究论文仍以 p 值为主要依据。编者认为其原因主要在于，在外语界的研究中做多次抽样、多次检验的可操作性不高。以语料库领域为例，平衡语料库被认为在很大程度上代表了语言或变体使用的总体现实情况，可以从中提取该语言的使用事实的频数和概率；但要想避免"摘樱桃"错误，应当从多个平衡语料库中提取这些数据，可是问题在于选择并不多，只能用数量非常有限的几种现有语料库比如 Brown、BNC、COCA 之类，但这些库即使容量再大本质上仍是抽样，对普通研究者而言，再多建几个容量对等的平衡语料库以取得多个样本是不可能的。多个随机样本、多次检验、汇报所有 p 值这些要求在语料库领域不可能得到满足。再如在外语教学领域，也很少能做到从学生中抽取多个随机样本，或者做很多次教学实验，这同样是因为受到很多现实因素的限制。

统计检验已经走到一个岔路口。由于水平所限，编者不清楚"p 值危机"究竟会引发怎样的结果，只能与外语界同行一起拭目以待，暂时只能沿着经典统计学的道路继续走下去，除经典的 p 值检验外，尽可能同时报告效应幅度；不过这无助于解决"p 值危机"问题，因为报告较大的效应幅度同样是为了迎合学术期刊的趣味，所以"选择性地"报告检验结果的做法是无法避免的。这个问题很复杂，除方法本身以外还涉及学术环境、评价标准、管理体制、学术道德等话题，所以这场危机不是统计方法本身的问题，更多的是与方法的使用者以及外部大环境有关，不是任何一种统计教程所能解决的。本书也只能着眼于方法本身；为了简单起见，仍以 0.05 为各种统计检验默认的显著性水平，尽管统计学界有学者（Wasserstein & Lazar 2016）[1] 早已指出 0.05 这个值其实是一种方法论上的循环。

1　文献详细信息请参见本书的"相关文献推荐"部分。

16.2 "思辨加实证"式语言研究中的统计和逻辑谬误

经验研究常常离不开统计。统计绝非一种孤立的方法，而是人类认识世界的一种方式，所以与逻辑甚至哲学有密切联系。那么我们能否假设研究者都有良好的思维和判断能力呢？

在生活中，相当多的人在面对某种非常不可思议的事件，尤其是发生在自己身边的时候，会觉得这"应该不是偶然的"，甚至"冥冥中自有天意"，导致神秘主义和宿命论。这与统计检验非常相似：如果 p 值小于 alpha，就马上拒绝零假设，接受备择假设。然而显然这正是"p 值危机"大讨论的焦点之一，因为 p 值小于 alpha 不能成为备择假设成立的依据。除了抽样误差因素之外，用形式逻辑的话来说，即使某个因素 p 真的会导致小概率事件 q 发生，也就是 p → q，但要是从 q 反推出 p 来，即 q → p，这是一个明显的逻辑错误，因为 p 是 q 的充分条件，却不是必要条件，所以从 q 无法得出 p 这个结论。

这种包含逻辑谬误的思维方式在古代很普遍，但直到今天仍然大量存在，而且常被不自觉地带到学术研究中。以下讨论的主要是一些硕士学位论文中存在的问题。

认知语言学研究大多以思辨为主，也经常从现实语料中获取证据，这里暂称之为"思辨加实证"式的语言研究。某研究生曾用认知语言学的理论来比较英语和汉语中的颜色隐喻，发现英文中有"dark horse"，汉语中有"黑马"，二者都表示"出人意料的胜利者"，认为这不是偶然的，于是归因于人类认知共性。然而这个推论包含多个重大错误。

首先，要对两种语言进行比较以寻找共性，用统计的语言来讲，应当是独立样本间的比较。但不同语言之间一般很少是完全相互独立的，历史上多少都曾发生过一些接触，跨语言的相似虽然可能是认知共性使然（A → B），但也可能是其他原因比如语言接触造成的，由 B 直接得出 A 是逻辑谬误。其实汉语中的"黑马"这个词是从英文短语"dark horse"译过来的，二者本来就有内在联系，所以这种"惊人相似"其实没有意义（trivial）。基于相关样本得出从独立样本才能得出的结论是无效的。

其次，"绝非偶然就等于必然"的思维要不得。上一节说过，研究中不能仅凭 p 值来判断研究假设（research hypothesis）即备择假设成立的概率，其值再小也不能断定观察到的事物是必然的。再说，即使"黑马"这个概念在英语和汉语中各自独立存在，其他语言中有没有呢？只考察少数语言就得出语言共性的结论，却不提供语言类型学的证据，显然站不住脚，然而编者发现很多人都是这种思维方式。

多年来编者读到过的许多硕士学位论文，都是采用以某个语言学理论为框架，从语料库中提取例句例词做一下解释和分类这个套路来写，语料的作用只在于为理论框架提供佐证。现实中很多人做研究的方式都是为某个理论框架寻找"合适"的研究对象，目的显然不是发现什么新东西，而是为理论"添砖加瓦"。在这种习惯的支配下，即使某些研究对象表现出一些不符合理论的特征，甚至构成反例，也会被忽略掉，这正是"摘樱桃"行为。语言学主要是经验科学，在理论建设初期，从大量语料中寻找概括性的规律是必要的；但语言理论建立起来以后，更重要的是推断统计式的应用，即所需要的不再是更多的正面例证，倒是与理论不相符的事例的意义更大，是科学研究中最应引起重视的部分，因为这些与理论不相符的案例更有助于修正现有理论。修正甚至推翻现有理论可以澄清某些错误，会给人们带来新知识；当然在实践中这种决策确实很难做出，一方面理论往往是有"弹性"的，另一方面例外情况常被归因于抽样误差。

16.3 "为例式研究"和"抽样的抽样"

很多论文标题中有"以……为例"的字眼，但其本质并非社会学意义上的那种个案研究（case study），其实是一种举例式的探讨，比如在语言教学研究中以自己所教的班级为研究对象做实验，或者在研究某类话语时以少数一两种媒体为研究内容。这在本质上其实等同于上一节所说的那种用理论套材料做描写的研究，这里称为"为例式研究"。众所周知"例"的意义在于代表性，所以这类论文标题所传达的意思是所讨论的是一个有代表性的例子，研究目标在于一般性的规律。但是从个例是得不出一般性结论的。用科学哲学的话来说，即使有再多的个例符合某个全称命题的描述，也不能证明该命题一定成立。哲学家 Karl Popper 指出，科学命题只可能证伪，却无法证实，纯粹基于经验的"证实"不可能达到确定性的结论。用统计语言来说，即使有再多随机样本都没有取得显著性，也不排除有新样本取得显著性的可能。"为例式研究"与个案研究的区别在于，后者的研究对象不是随机选取的，都有某些明显的特殊性，研究目的也并非在于得到一般结论，而前者却暗示着研究对象具有代表性，因此志在一般结论。但是除非能证明研究对象确实有代表性，否则"为例式研究"的结论未必能推广到研究者所声称的范围。

编者见到过很多教学法类论文，以个别班级为研究对象，却声称研究结论适用于很大的范围，比如整个地区甚至全国；有的声称自己的班人数达到30人以上，符合统计检验关于样本大小的要求；有的则避而不谈代表性问题。然而班级人数是否真的符合要求其实取决于研究目标有多大。自己教的班充其量只能代表本年级的一般水平，也许能代表本学校，但在更大范围来说，由于学校、地区、办学模式等方面的差异都是真实存在的，一两个班的代表性无疑非常低；要想研究结论适用于更大范围，应当做比较复杂细密的分层随机抽样，否则论文标题还是缩小一些更为妥当。其实这个问题在很多关于研究设计方法的教材中都有明确的阐述。

在一些基于语料库的研究中，研究者从某个大型语料库如 BNC 和 COCA 中用语境共现（KWIC）方式找到很多检索结果，但觉得行数太多分析难度大，所以进一步从结果中抽样；估计很多人都有类似的想法，尤其是那些有时间压力的硕士学位论文的作者。然而国际上使用语料库方法的研究者在得到 KWIC 检索结果后，即使结果行很多也不再抽样。为什么有如此区别呢？

众所周知语言的使用是无限的，所以无论多大的语料库都只是抽样，遗憾的是这一点常常被忘记。从语料库中获取的检索结果已经是抽样了，如果还要从中再抽样，在方法上其实站不住脚。语言研究关注的常常并非是高频词语，在语料库中的频数分布原已很有限；从统计上讲，样本越小抽样误差就可能越大，这意味着如果对检索结果再做抽样，遗漏某些重要语言实例的可能性会增高。语料库研究中不能假设抽样和"抽样的抽样"所反映的频数和比率是相同的。

习题参考答案

本书的习题旨在帮助读者复习或理解相应的统计方法以及实现步骤。R 和各种包为相关操作提供了巨大的灵活性，常有多种方法可以解决同样的问题，以下答案仅供参考。

第九章

习题 1

两个班是相互独立的，这里用独立样本 t 检验。零假设是两个班（样本）的均值没有差异。首先整理原始数据：

```
> classa <- c(82,75,87,90,87,88,83,83,91,89,79,84,82,80,88,81,84,83,81,82,
+   84,81,72,82,86)
> classb <- c(86,82,77,87,83,90,84,88,89,89,93,74,81,87,83,88,82,79,86,85,
+   84,92,81,83,84)

# 将两个班按顺序连接为一个向量
> scores <- c(classa, classb)

# 每个班学生都标出所在班级（classa 标为 1，classb 标为 2），按顺序连接为一个向量
> grouping <- as.factor(c(rep(1,length(classa)), rep(2,length(classb))))
```

Levene 方差齐性检验：

```
> library(car)
> leveneTest(scores, grouping)
> Levene's Test for Homogeneity of Variance (center = median)
      Df F value Pr(>F)
group  1  0.0871 0.7692
      48
```

p=0.7692，大于 0.05，两组数据具有方差齐性。

```
# t 检验
> t.test(classa, classb, paired = F, var.equal = T)


        Two Sample t-test

data: classa and classb
t = -1.0506, df = 48, p-value = 0.2987
alternative hypothesis: true difference in means is not equal to 0
95 percent confidence interval:
 -3.846262  1.206262
sample estimates:
mean of x mean of y
   83.36     84.68
```

解读：p=0.2987，大于 0.05，不能拒绝零假设，两个班的成绩并没有显著差异。

习题 2

由于这里是对同一个班学生做的两次（重复）测试成绩的均值比较，需要用配对样本 t 检验。零假设是前后两次测试成绩的均值没有差异。

```
> classb <- c(86,82,77,87,83,90,84,88,89,89,93,74,81,87,83,88,82,79,86,
+   85,84,92,81,83,84)
> classb2 <- c(88,86,79,84,86,89,87,89,83,92,94,79,83,85,89,88,85,77,87,
+   90,85,94,85,82,88)
> t.test(classb, classb2, paired = T)


        Paired t-test

data: classb and classb2
t = -2.6284, df = 24, p-value = 0.01473
alternative hypothesis: true difference in means is not equal to 0
95 percent confidence interval:
 -2.6421539 -0.3178461
```

```
sample estimates:
mean of the differences
                -1.48
```

解读：p=0.01473，小于 0.05，拒绝零假设，两次测试成绩有显著差异。

计算效应幅度：

```
> library(powerAnalysis)
> ES.t.paired(
+    md = mean(classb2, classb),
+    sd = sd(classb2, classb),
+    n = length(classb))

     effect size (Cohen's d) of paired two-sample t test

            d = 0.5256739

    alternative = two.sided

NOTE: The alternative hypothesis is md != 0
small effect size:  d = 0.2
medium effect size: d = 0.5
large effect size:  d = 0.8
```

解读：d=0.5256739，比照参考值，效应幅度为 medium。

习题 3

本题是将单个样本与总体的均值做比较，检验的目标是看本园孩子们的平均身高是否显著低于全国平均水平，因此这个比较是单尾的（one-tailed）单样本 t 检验。零假设是样本均值与总体均值无差异。

```
> mydata <- read.csv("Exercise_9.5.3.csv", header = F)
> colnames(mydata) <- "height";
> t.test(mydata$height, mu = 102, alternative = "less")
```

```
        One Sample t-test

data: mydata$height
t = 7.264, df = 229, p-value = 1
alternative hypothesis: true mean is less than 102
95 percent confidence interval:
   -Inf 109.14
sample estimates:
mean of x
 107.8174
```

解读：p=1，不能拒绝零假设，该园孩子们的平均身高与全国的情况没有显著差异。

第十章

习题1

这里共四个组（四个班），每组均由连续测量数值构成，各组之间相互独立。要观察四组数据之间的差异，用单因素组间方差分析方法。零假设是各组均值没有差异。

录入数据，每组取一个名称：

```
> ga <- c(5020,4924,4995,4923,4996,4948,4992,4984,4930,4993,4991,4976,
+   4990,4985,4973,4987,4968,5007,5009,5016),
> gb <- c(5027,4938,5004,4937,5005,4960,5001,4994,4944,5002,5001,4986,
+   5000,4995,4983,4996,4979,5016,5017,5023),
> gc <- c(5012,4910,4986,4909,4988,4936,4983,4974,4917,4984,4982,4965,
+   4981,4976,4962,4977,4958,4999,5001,5008),
> gd <- c(5013,4898,4983,4897,4985,4926,4979,4970,4905,4980,4979,4960,
+   4977,4971,4956,4973,4951,4998,4999,5008)
```

将原始数据整理如下：

```
> scores <- c(ga, gb, gc, gd)
> group <- c(rep("a",length(ga)), rep("b",length(gb)),
+   rep("c",length(gc)), rep("d",length(gd)))
```

方差分析：

```
> analysis <- aov(scores ~ group)
> summary(analysis)
            Df Sum Sq Mean Sq F value Pr(>F)
group        3   7368  2455.8   2.681 0.0528 .
Residuals   76  69623   916.1
---
Signif. codes:  0 "***" 0.001 "**" 0.01 "*" 0.05 "." 0.1 " " 1
DescTools::ScheffeTest(analysis)
plot(DescTools::ScheffeTest(analysis), las=1)
```

解读：p=0.0528，大于0.05，不能拒绝零假设，各组之间没有显著差异。

习题2

由于参与实验的学生是相同的，做了三次测试，并且实验中不涉及其他因素，因此可能适用单因素重复测试方差分析，观察三次测试之间是否有显著差异。零假设是各次测试之间没有差异。

录入数据：

```
> dat <- data.frame(
+   a <- c(78,74,72,77,79,78,80,74,78,73,77,77,76,71,75,79,83,79,70,
+   75,81,71,75,69,74),
+   b <- c(81,74,80,78,77,79,77,81,77,77,81,78,87,77,79,74,78,79,77,
+   78,79,78,79,73,80),
+   c <- c(77,78,80,80,73,79,77,78,77,77,79,79,79,79,80,81,81,75,78,
+   79,83,77,83,80,84))
```

整理数据：

```
> myFactors <- as.factor(c(1,2,3))
> myFrame <- data.frame(myFactors)
> myBind <- cbind(dat$a, dat$b, dat$c)
```

建立回归模型：

```
> myModel <- lm(myBind ~ 1)
```

方差分析：

```
> library(car)
> myAnalysis <- Anova(
+    model = myModel,
+    idata = myFrame,
+    idesign = ~myFactors)
> summary(myAnalysis)


Univariate Type III Repeated-Measures ANOVA Assuming Sphericity


            Sum Sq num Df Error SS den Df    F value    Pr(>F)
(Intercept) 452564      1   239.65     24 45321.8329 < 2.2e-16 ***
myFactors      137      2   391.63     48   8.3982
0.0007457 ***
---
Signif. codes:  0 "***" 0.001 "**" 0.01 "*" 0.05 "." 0.1 " " 1



Mauchly Tests for Sphericity


          Test statistic p-value
myFactors        0.94058 0.49438



Greenhouse-Geisser and Huynh-Feldt Corrections
 for Departure from Sphericity
```

```
          GG eps Pr(>F[GG])
myFactors 0.94391  0.0009693 ***

---

Signif. codes:  0 "***" 0.001 "**" 0.01 "*" 0.05 "." 0.1 " " 1


          HF eps   Pr(>F[HF])
myFactors 1.021964 0.0007457064
```

解读：Mauchly 球形检验结果 p=0.49438，大于 0.05，表明数据满足单因素重复测试方差分析的前提。方差分析结果 p=0.0007457064，小于 0.05，拒绝零假设，各次听力水平测试的成绩在 0.95 置信水平上有显著差异。

重复测试不适合用事后多重检验。

习题 3

这个问题的实质是考察做家教的经历（有、无）和做教师的经历（有、无）对教学能力的影响，自变量是两个相互独立的受试间（within-subject）因素，因变量是一个连续数值变量。这里做双因素组间方差分析。零假设是家教经历、教师经历以及两个因素的交叉组合对教学能力均无影响。

录入数据并整理，将"是"和"否"分别用 1 和 2 代替；将数据放入一个数据框以便调用：

```
> mydata <- data.frame(
+    score <- c(69,77,77,74,70,75,71,81,70,69,65,67,76,64,70,79,58,74,
+    73,74,67,79,74,72,73,62,70,65,66,67,69,72,71,63,79,73,74,70,84,75,
+    78,72,83,76,65),
> tutoring <- c(2,1,1,1,2,2,1,1,2,1,2,1,1,2,2,1,2,1,2,2,1,1,1,2,1,2,2,
+    1,1,2,2,1,2,1,1,2,2,1,1,1,1,2,1,1,2),
> teaching <- c(2,1,1,2,2,1,2,1,2,2,2,2,2,1,2,1,2,1,2,1,2,2,1,2,1,1,2,
+    2,2,1,2,1,2,2,1,2,1,2,1,1,1,2,1,1,2))
> tutoring <- factor(tutoring, levels = unique(tutoring))
> teaching <- factor(teaching, levels = unique(teaching))
```

方差齐性检验：

```
> library(car)
> leveneTest(score ~ tutoring * teaching)
Levene's Test for Homogeneity of Variance (center = median)
      Df F value Pr(>F)
group  3  1.4347 0.2466
      41
```

Levene 检验结果 p=0.2466，大于 0.05，表明方差齐性，符合方差分析要求。

建立回归模型：

```
> model <- lm(score ~ tutoring + teaching + tutoring * teaching,
+    data = mydata)
```

方差分析：

```
> library(car)
> my.analysis <- Anova(model, test.statistic = "F", type = 2)
> my.analysis
Anova Table (Type II tests)

Response: score
                  Sum Sq Df F value   Pr(>F)
tutoring          135.30  1  7.0283 0.011352 *
teaching          219.25  1 11.3891 0.001625 **
tutoring:teaching 132.95  1  6.9063 0.012031 *
Residuals         789.30 41
---
Signif. codes:  0 "***" 0.001 "**" 0.01 "*" 0.05 "." 0.1 " " 1
```

解读：根据方差分析结果，tutoring（大学期间有无家教经历）和 teaching（有无教学经历）都对教学能力有主效应；二者的交互效应同样取得了显著性。

事后多重检验：

```
> library(DescTools)
> ScheffeTest(aov(model))

  Posthoc multiple comparisons of means : Scheffe Test
    95% family-wise confidence level

$tutoring
    diff    lwr.ci    upr.ci    pval
1-2 4.81 0.9727937 8.647206 0.0085 **

$teaching
      diff    lwr.ci    upr.ci    pval
1-2 4.2894 0.4521937 8.126606 0.0228 *

$`tutoring:teaching`
               diff     lwr.ci     upr.ci    pval
1:2-2:2  0.6558442 -4.497671  5.809359 0.98677
2:1-2:2  0.2619048 -5.979312  6.503121 0.99951
1:1-2:2  8.2142857  3.379860 13.048711 0.00022 ***
2:1-1:2 -0.3939394 -6.885459  6.097580 0.99852
1:1-1:2  7.5584416  2.404927 12.711956 0.00158 **
1:1-2:1  7.9523810  1.711164 14.193597 0.00727 **

---
Signif. codes:  0 "***" 0.001 "**" 0.01 "*" 0.05 "." 0.1 " " 1
```

解读：1∶1（既有教学经历又有家教经历）与 2∶2（既无教学经历也无家教经历）有显著差异；1∶1 与其他两种情况即 1∶2 和 2∶1 均有显著差异。（制图略）

习题4

本题的实质是考察随着班级（group）亦即教学方法因素的变化，学生的测试成绩（score）是否发生了前后变化。此例中用双因素重复测试方差分析。

零假设是测试成绩不随班级（教学方向）的变化而产生差异。

整理数据：这里用 1 表示前测，2 表示后测，按以下方式组织数据：

```
id,score,group,test.order
1,78,1,1
1,79,1,2
2,82,2,1
2,83,2,2
3,82.5,1,1
3,83,1,2
...,...,...,...
```

从第一到第四列分别是学生编号、测试成绩、分组（班级）和测试顺序。由于本例数据量比较大，电子数据文档 Exercise_10.6.4.csv 可向编者（arthur0421@163.com）索要。

整理数据格式并不困难。由于教学活动中的原始数据大多是用 Excel 软件整理的，可以先在 Excel 中将每个学生的上述信息列为一行，给标题行命名，然后导出为 CSV 文档，这里假设文档名为 mydatasheet.csv。

导入并整理数据：

```
> mydata <- read.csv("Exercise_10.6.4.csv", header = T)
> mydata <- within(mydata, {
+   id <- factor(id)
+   group <- factor(group)
+   test.order <- factor(test.order)})
> mydata <- mydata[order(mydata$id),]
```

按各因子变量分组计算均值、加列标题，然后按 id 排序：

```
> mydata.mean <- aggregate(mydata$score,
+   by = list(mydata$id, mydata$group, mydata$test.order), FUN = "mean")
> colnames(mydata.mean) <- c("id", "group", "test.order", "score")
> mydata.mean <- mydata.mean[order(mydata.mean$id),]
```

方差分析：

```
> test.aov <- with(mydata.mean,
+   aov(score ~ group * test.order + Error(id / test.order)))
> summary(test.aov)


Error: id
         Df Sum Sq Mean Sq F value Pr(>F)
group     1   26.0   26.01   1.677  0.201
Residuals 48 744.4   15.51


Error: id:test.order
                Df Sum Sq Mean Sq F value    Pr(>F)
test.order       1 1004.9  1004.9   85.35 3.17e-12 ***
group:test.order 1   32.5    32.5    2.76    0.103
Residuals       48  565.1    11.8
---
Signif. codes:  0 "***" 0.001 "**" 0.01 "*" 0.05 "." 0.1 " " 1
```

解读：各分组（班级）之间没有显著差异（F=1.677，p=0.201，大于 0.05）；两次测试之间存在显著差异（F=85.35，p=3.17e-12，小于 0.05）；分组与测试顺序两个变量的交叉效应没有显著性（F=2.76，p=0.103，大于 0.05）。该实验结果说明两个班各自的前测与后测均有显著差异，而两个班（即两种授课方式）之间没有显著区别。

第十一章

习题 1

由于这两个库中的小说数量并不相同，而且数量都不多，因此只能用非参数检验，即曼—惠特尼 U 检验。零假设是两个库的平均句长没有差异。

```
> a <- c(8.850,6.313,5.927,7.474,9.098,7.986,7.168,4.405,9.829)
> b <- c(6.571,5.511,6.664,5.902,5.123,5.828,7.153,6.766,6.560,7.397,
+   4.132)
> wilcox.test(a,b, paired = F)


        Wilcoxon rank sum test

data: a and b
W = 76, p-value = 0.04645
alternative hypothesis: true location shift is not equal to 0
```

解读：p=0.04645，小于 0.05，拒绝零假设，这两部小说集的平均句长有显著差异。

计算效应幅度：

```
> library(rcompanion)
> dat <- c(a,b)
> grp <- c(rep("a",length(a)), rep("b",length(b)))
> wilcoxonR(dat, grp)
   r
0.45
```

解读：r 的参考值范围 0.10 < r < 0.30 为 small；0.30 ≤ r < 0.50 为 medium；r ≥ 0.50 为 large。本例的 r 值 0.45，效应幅度为 medium。

习题 2

由于两位专家是对同一组学生打分，所以属于配对样本，因此采用威尔柯克斯配对样本检验。零假设是两位专家的评分没有差异。

```
> a <- c(87,81,89,83,81,90,83,84)
> b <- c(82,87,86,85,78,84,86,83)
> wilcox.test(a,b, paired = T)


        Wilcoxon signed rank test with continuity correction
```

```
data: a and b
V = 22.5, p-value = 0.573
alternative hypothesis: true location shift is not equal to 0
```

解读：p=0.573，大于 0.05，不能拒绝零假设，两位专家的打分没有显著差异。

习题 3

各组人数不同，而且人数都不多；另外不同专业各自独立，因此属于多个独立样本，采用 Kruskal-Wallis 检验。零假设是各组（各专业）间没有差异。

```
> a <- c(3,2,2,4,3,1,2,4,3,2,3,3)
> b <- c(2,3,2,2,3,2,2,1,2,2,1,1,2)
> c <- c(3,4,2,3,2,3,3,4,2,2)
> d <- c(2,1,2,2,3,1,2,3)
> kruskal.test(list(a,b,c,d))


        Kruskal-Wallis rank sum test

data: list(a, b, c, d)
Kruskal-Wallis chi-squared = 9.0809, df = 3, p-value = 0.02823
```

解读：p=0.02823，小于 0.05，表明各组之间有显著差异。

事后多重检验，用 Dunn 检验：

```
> dat <- data.frame(
+    group = c(rep("a", length(a)), rep("b", length(b)),
+             rep("c", length(c)), rep("d", length(d))),
+    score = c(a,b,c,d)
> group <- factor(dat$group)
> FSA::dunnTest(score ~ group, data = dat, method = "bh")
Dunn (1964) Kruskal-Wallis multiple comparison
  p-values adjusted with the Benjamini-Hochberg method.
```

```
  Comparison        Z    P.unadj      P.adj
1     a - b  2.2240831 0.02614286 0.07842857
2     a - c -0.3276126 0.74320460 0.89184551
3     b - c -2.4502297 0.01427651 0.08565907
4     a - d  1.7004435 0.08904754 0.13357131
5     b - d -0.2541469 0.79938207 0.79938207
6     c - d  1.9319789 0.05336211 0.10672423
```

解读：在事后多重比较中，a-b 间的比较、b-c 间比较的未校正 p 值取得了显著性，但校正之后均未取得显著性。

第十二章

习题 1

本题的两个变量都是连续变量，应该计算皮尔逊积矩相关系数：

```
> a <- c(3.4,3.7,3.4,3.6,3.9,4.1,3.4,3.7,4.2,3.5,3.7,3.8,3.6,3.1,3.5,4.3,
+ 3.6,4.0,4.2,3.4,4.0,3.7,4.0,3.8,3.5)
> b <- c(79,79,84,88,89,86,76,82,85,80,85,82,83,82,74,91,84,84,77,86,80,
+ 81,88,84,80)
> cor(a, b, method = "pearson")
[1] 0.3769767
```

解读：皮尔逊积矩相关系数为 0.3769767，表明两个变量存在弱正相关。

习题 2

本题中专业老师和职业翻译人士对同一样本分别打分，反映的是各评委心目中对这些学生论文质量的排序。用斯皮尔曼等级相关系数：

```
> teachers <- c(82,82,84,84,87,80,90,85,84,84,90,83,85,84,92,82,85,
+ 75,89,82,92,86)
> translators <- c(79,83,77,90,81,77,81,81,76,79,84,80,80,76,81,77,
+ 81,80,77,72,77,81)
```

```
> cor(teachers, translators, method = "spearman")
[1] 0.3312134
```

解读：斯皮尔曼相关系数为 0.3312134，表明专业教师和职业翻译人士对这些 MTI 毕业论文的评价存在正相关，但相关度并不强。

习题 3

对同一组样本在两个因素上的排序进行相关分析，可用肯德尔相关系数衡量：

```
> a <- c(1,2,9,6,3,8,4,5,10,7)
> b <- c(4,5,3,2,1,10,9,6,7,8)
> cor.test(a,b, method = "kendall")

        Kendall's rank correlation tau

data:  a and b
T = 28, p-value = 0.3807
alternative hypothesis: true tau is not equal to 0
sample estimates:
      tau
0.2444444
```

解读：肯德尔相关系数为 0.2444444，表明这些学生选手的口语分数与写作分数之间存在正相关，但强度很弱。

第十三章

习题 1

本题的零假设是各分类所占的比例是相同的，检验的目的是看实验观察值是否符合这一预期，用卡方拟合优度检验；零假设是各类的实际比例与预期比例一致。

```
> d <- c(10,11,15,18,21)
> chisq.test(d, p = c(1/5, 1/5, 1/5, 1/5, 1/5))


        Chi-squared test for given probabilities

data:  d
X-squared = 5.7333, df = 4, p-value = 0.22
```

解读：p=0.22，大于 0.05，不能拒绝零假设，各方向的选题数量之间并没有显著差异。

习题 2

本题考察两个变量间的交叉作用，一个是班别，有两个值；另一个是评价级别，有三个值，可列为 2×3 表，用卡方独立性检验。零假设是班别与评价级别无关，即两个班的实习评价没有差异。

```
> a <- c(5, 19, 1)
> b <- c(7, 18, 0)
> mydata <- as.data.frame(rbind(a, b))

> names(mydata) <- c("level.a", "level.b", "level.c")
> chisq.test(mydata)


        Pearson's Chi-squared test

data:  mydata
X-squared = 1.3604, df = 2, p-value = 0.5065
```

解读：p=0.5065，大于 0.05，不能拒绝零假设，两个班的实习评价没有显著差异。

习题 3

本题比较某种处理前后的情况是否有改变，属于典型的 McNemar 检验的适用范围。这里零假设是两位候选人演讲前后其他同学对二人的选择态度没有差异。

```
> mydata <- matrix(c(14,9,10,13), nrow = 2, byrow = F, dimnames = list(
+    "before" = c("A","B"), "after" = c("A","B")))
```

由于在四格表中没有小于 5 的值，检验中无须进行校正：

```
> mcnemar.test(mydata, correct = F)


        McNemar's Chi-squared test

data: mydata
McNemar's chi-squared = 0.052632, df = 1, p-value = 0.8185
```

解读：p=0.8185，大于 0.05，不能拒绝零假设，两名竞选的学生演讲前后其他同学对二人的选择态度没有显著差异。

附录一 用 R 查统计表

各类统计手册常将各种统计表列入附录，用于查询各种关键值。但是查表只是早期手工计算的需要，早已为统计软件所代替。不过如果读者仍想查询各种关键值，R 中也有相应的命令可用，计算很方便。下面介绍最常用的几种统计表的查询方法，查的是累积概率（accumulated probability）。

A1.1 标准正态分布表

标准正态分布表列出的一般是在 U 分布中特定标准分所对应的概率值，用 pnorm() 命令查询，第一个参数是标准分，第二个是均值（设为 0），第三个是标准差（设为 1）；如果不指定第二和第三个参数则默认其分别为 0 和 1。如查标准分 1.2 的概率值：

```
> pnorm(1.2, mean = 0, sd = 1)
[1] 0.8849303
```

不过这个值其实是累积概率，指的是低于 1.2 标准分的所有部分在总体中所占的比例，也就是图 A1.1 中所有阴影部分的面积之和，从这个值减去 0.5（图中的中线左侧部分）就是 U 分布表中给出的概率值，即在均值之上的那部分。U 分布表中列的标准分全都是大于 0 的，所以查到的概率值都大于 0.5；如果在命令中查的标准分是负数，那么得到值也是大于 0 的，表示的意义是什么，我们鼓励读者自己去发现。

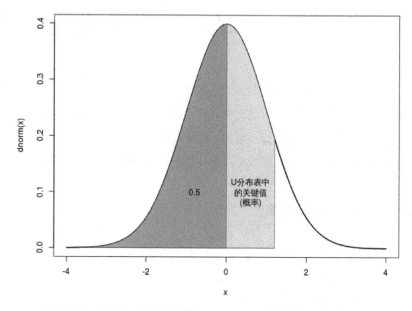

图 A1.1 U 分布表给出的值与 pnorm() 计算的值之间的关系

A1.2 t 分布表

t 分布表列出的是在零假设成立的情况下 t 的关键值，用 qt() 命令查询，例如当 df=3、alpha=0.05（单尾检验）时：

```
> qt(.95, 3)
[1] 2.353363
```

要想查双尾检验的关键值，将置信水平设为 .90 再查询即可。

A1.3 F 分布表

F 分布表列出的是零假设成立情况下 F 的关键值，用 qf() 命令查询，例如当 df1=2，df2=5，alpha=0.05 时：

```
> qf(.95, df1 = 2, df2 = 5)
[1] 5.786135
```

A1.4　卡方分布表

X^2 分布表列出的是零假设成立情况下卡方的关键值，用 `qchisq()` 命令查询，例如当 df=1，alpha=0.05 时：

```
> qchisq(.95, 1)
[1] 3.841459
```

建议读者将计算结果与各种统计学手册中查到的值做对照，以了解其确切含义。

附录二　自制"关键性"计算器

R 的一个巨大优势在于用户可以利用丰富的命令和函数自行编写脚本 (script)，以便重复使用。这里简单介绍在 R 中如何编写简单的脚本。下面的例子包括了数据文档的读取、函数自定义、循环机制和计算结果输出与保存这几个重要方面。

在语料库领域，一个常见的需求是提取关键词，或者说是计算某些词在两个库中的频数，据此算出这些词的关键性（keyness），其中最常用的统计量是卡方（chi-squared）和对数似然比（log-likelihood）。不少软件可以计算关键性，如 AntConc 可从库中提取关键词，并按用户指定的计算方法列出这些词的关键性统计值。关键词的计算公式并不难，从一些语料库入门教材中就可以找到，但这些公式的作用是计算一个关键词的关键性，如果想批量计算多个词的关键性，一般还得依靠某些专门工具，比如英国兰卡斯特大学提供的计算器（http://ucrel.lancs.ac.uk/llwizard.html）。

其实研究者完全可以自己用 R 写一个工具，这里介绍的脚本就可以一次性计算多个词的关键性。该脚本首先从一个数据文档中读取多行数据，然后逐一计算每个词的关键性，最后将所有结果输出到一个文档。编程是一个灵活性和弹性很强的工作，脚本完全可以写得更加简洁高效，本节描述的只是基本的方法。关于 R 编程的教程很多，推荐有兴趣的读者学习。

为一个词计算关键性需要四个基本数值，即两个语料库各自的总容量（这里标为 s1 和 s2）以及该词在两个库中各自的频数（这里标为 f1 和 f2）。如果都是在两个语料库间比较，那么 s1 和 s2 对所有词都是一样的，所以这两个数值可视为常量；而 f1 和 f2 则是变量，需要用 AntConc 或其他语料库软件事先从两个库中提取。在本脚本所需要的数据文档中可以只写入每个词的 f1 和 f2；比方说有 15 个词要计算关键性，则数据文档共有 15 行、3 列，第一列是单词，第二、三列分别是 f1 和 f2，这里各列都有名称（即标题行），分别是 word、s1、s2。这样基本数据文档内容大致如下：

表 A2.1 计算关键性的数据文档示例

```
word,f1,f2
tell,80,110
have,148,506
come,187,512
of,258,572
that,294,619
go,333,542
…,…,…
```

这里给数据文档取名 data.csv，保存到工作目录。

第二步是编写脚本。在这里我们计算三种关键性数值，即卡方、对数似然比和 Fisher 精确检验 p 值，前面两种的值越大则关键性越强，第三种的值越小关键性越强。由于每个词都需要计算关键性，脚本需要一个循环（loop），从数据表中逐行读取数值进行计算。

在 RStudio 中新建一个脚本文档(File > New File > R Script)，输入以下代码：

```
# 清空内存中的变量，避免发生冲突
rm(list=ls())

# 库 1 和库 2 各自的容量
s1 <- 60293; s2 <- 66938

# 从数据表中读取基本数据，c1 和 c2 其实就是 f1 和 f2 两列数据
d <- read.csv("data.csv", header=TRUE)
c1 <- d$f1; c2 <- d$f2

# 定义用于保存计算结果的向量，初始状态不包含任何元素
chisq <- c()        # 卡方
ll <- c()           # 对数似然比
fp <- c()           # Fisher 精确检验 p 值

# 先定义一个计算对数似然比的函数 ll，以一个 2×2 矩阵为输入参数
ll <- function(x) {
    o1 = x[1,1]; n1 = x[2,1]
    o2 = x[1,2]; n2 = x[2,2]
```

```
    e1 = n1 * ((o1+o2)/(n1+n2))
    e2 = n2 * ((o1+o2)/(n1+n2))
    result <- ifelse(
        o1*o2==0,  # 判断条件：是否观察频数之一为零
        0,          # 如果观察频数之一为零则直接给结果赋值 0
        2 * (o1*log(o1/e1) + o2*log(o2/e2)) # 计算公式
        )
    return(result)
}


# 循环，次数为基本数据表的行数（当然标题行除外）
for (i in 1:length(c1)) {
    dx <- matrix(c(c1[i], s1, c2[i], s2), nrow=2)  # 列成 2×2
                                                    # 矩阵

    chisq[i] <- chisq.test(dx)$statistic  # 卡方值
    ll[i] <- ll(dx)                        # 对数似然比
    fp[i] <- fisher.test(dx)$p.value        # Fisher 精确检验 p 值
}

# 将结果写入一个数据框，分为四列
results <- data.frame(
    word = dx$word,
    chi.squared = chisq,
    log.likelihood = ll,
    fisher.p.value = fp)

# 保存到一个文档
write.csv(results, "keyness_results.csv", row.names = F)
```

　　然后保存脚本，以 .r 为扩展名。这里假设保存为工作目录中的 keyness_calculator.r。

　　计算结果输出的文档共分四列，第一列是单词，第二到第四列是脚本所计算的三种统计量。也可以根据需要在脚本中添加其他统计量，只要在脚本中加入几行即可，当然需要先了解相应的计算方法。

　　要想运行这个脚本，可以先在 RStudio 中打开，边查看边运行，以便做必

要的调整。如果不需要调整，可直接在 Console 中用 source( ) 命令执行：

```
> source("keyness_calculator.r")
```

运行结束后就可以到工作目录中查看 keyness_results.csv 文档了。

附录三 标准分的一种应用

在某些竞赛活动中，由于参赛人数太多，参赛者会分成若干个小组同时进行比赛，每组的裁判都不同。在这种情况下，不同组的原始成绩其实不具有可比性，因为评分员的打分尺度总会有一些微小差异。又如某系本科毕业论文答辩，分为六个小组，每组三位老师任答辩委员；答辩结束后需要从所有学生中选出几人推荐为优秀。但由于各小组的打分尺度不可能完全一致，就有可能出现多个分数并列的情况。如果把所有原始分放在一起排序，分数最高的几名的分数恰好一致，而推荐优秀的名额又有限，该怎样选出优秀的学生论文才更公平呢？

一种做法是在答辩成绩出来之后，由学院组织一个委员会统一审核并投票决定；另一种做法是将所有原始分都折算成其在本小组内的标准分，然后将所有标准分放在一起排序，这样以标准分为基础挑出最优秀的前几名。这未必是最合理的方案，但可操作性还是很强的。如果这种以标准分方式整理名次的工作每年都要重复，可将整理方法写成下面的脚本，这样可以节省大量时间精力，还能避免某些不必要的麻烦。

第一步是整理原始分数。将全部学生的原始成绩合并到同一个数据表，分group、name 和 score 三列：第一列是学生所在小组的代码 (1、2、3、4、5、6)；第二列是学生姓名；第三列是其原始分，类似下表。

表 A3.1 计算答辩成绩标准分的数据文档示例

group	name	score
1	朱柳霞	92
1	刘家玲	88
...	...	...
2	凌倩红	86
2	张荷妹	86

（待续）

（续表）

group	name	score
...	...	...
3	陈翔	80
3	沈阳	73
...	...	...
4	吴芳	84
4	陈慧敏	78
...	...	...
5	莫桥苗	86
5	曾倍洁	85
...	...	...
6	李东妹	88
6	罗曼妮	86
...	...	...

这里将其保存为工作目录下的 thesis_defense.csv。需要注意的是各组必须依次排列，就是说按第 1 组、第 2 组、第 3 组这样的顺序排列，并且不要有空行。

第二步，在 RStudio 中创建一个脚本文档，输入以下代码。这里也使用了一个循环：

```
rm(list = ls())

# 将要推荐优秀的人数
ntop <- 3

# 读取数据表
d <- read.csv("thesis_defense.csv", header = T)

# 整理数据，确保按组号顺序依次排列，否则脚本计算结果会出现混乱
d <- d[order(d$group, decreasing=F),]
```

```
# 先定义一个计算标准分的函数，主要是为了简化代码
z <- function(x) { z = (x - mean(x)) / sd(x); return(z) }

# 创始一个用于存储标准分的向量
z.score <- c()

# 循环，计算每组各分数的标准分并添加到 z.score
for (i in 1:length(unique(d$group))) {
    z.score <- c(z.score, z(d$score[d$group==i]))
}

# 将学生的姓名、原始分和标准分组成一个新数据框 newdata
newdata <- data.frame(
    st.name = d$name,
    st.raw = d$score,
    st.z = z.score)

# 将新数据框按标准分从高到低排序
newdata.ranked <- newdata[order(newdata$st.z, decreasing = T),]

# 列出推荐优秀的学生，人数是脚本起始处定义的
newdata.ranked[1:ntop,]
```

　　只要准备好数据文档，并在这个脚本的第二行代码中设置推荐优秀的名额，即可非常方便地列出哪几个同学的排名最靠前。只要数据表的形式保持一致，脚本可以重复使用。

附录四　pwr 包与功效分析

做量化研究总要采集样本。出于经济原则，我们总是希望从尽量小的样本中观察到足够的效应值。那么样本要多大才够？18 个学生组成的样本可以支撑研究吗？如果样本较小，是否足够支撑研究结论？一项研究最多能够取得多大的效应幅度？给定一个样本，从这个样本中能够取得的最大显著性是多少，换句话说有多大概率能够从这个样本中获得所期望的显著性？

这类问题属于功效分析（power analysis）的范畴。统计学所说的功效（power，也译检验力、统计效力、统计力等），是指正确地拒绝零假设的概率，或者说不犯 II 型错误的概率，也可以说是观察到所期待的效应的概率。由于在研究实践中通常都期望能够观察到某种效应（从而能够拒绝零假设），这种概率越大，实验就越有功效。功效分析不属于统计检验，而是量化研究方案设计的需要。

功效分析不是建立在样本实际观测值的基础上的，它只涉及统计检验的四个重要值，即样本容量、显著性水平（α，就是犯 I 类错误的概率）、功效（就是不犯 II 类错误的概率）和效应幅度（Effect Size, ES, 也称效应值）。这四个值紧密相关，知道其中任意三个也就可以计算出第四个。R 中的 pwr 包是专用于功效分析的。以下介绍如何用这个包中的函数做 t 检验的功效分析。

在单样本 t 检验、容量相同的独立样本 t 检验、配对样本 t 检验的情况下用 `pwr.t.test()` 命令，参数如下：

- n：样本大小；
- d：效应幅度（Cohen's d），计算方法是 d=(μ1−μ2) / σ，其中 σ 是误差的标准差；
- sig.level：显著性水平，默认值是 0.05；
- power：功效水平；
- type：指 t 检验类型，如果是独立样本 t 检验则值为 two-sample（默认），如果是单样本 t 检验则为 one-sample，如果是配对样本则为 paired；

- alternative：指检验是双尾检验还是单尾检验，默认为前者（two.sided），如果是单尾则值为 less 或 greater；
- 效应幅度的参考值可以参见前面"推断统计中的重要概念"一章的最后一个小节"效应幅度的概念"。

实例一

假设我们做教学实验，采用独立样本 t 检验，希望效应幅度达到 0.8，显著性水平为 0.05，功效水平为 0.9（意思是希望有 90% 的概率捕捉到相应的效应），想知道每个样本至少要有多少名学生：

```
> library(pwr)
> pwr.t.test(d = .8, sig.level = .05, power = .90,
+    type = "two.sample", alternative = "two.sided")
     Two-sample t test power calculation

              n = 33.82555
              d = 0.8
      sig.level = 0.05
          power = 0.9
    alternative = two.sided

NOTE: n is number in *each* group
```

这就是说我们需要的样本容量至少要达到约 34（两个样本加在一起就是 68 人）。

实例二

通常的教学实验设计要求每个样本的容量至少要达到 30 人。那么假如我们手上有两个同为 30 人的样本，仍采用独立样本 t 检验，设定的显著性水平是 0.05，功效水平是 0.9，想知道基于这些样本所能达到的最大效应幅度：

```
> pwr.t.test(n = 30, sig.level = .05, power = .90,
+   type = "two.sample", alternative = "two.sided")
    Two-sample t test power calculation

              n = 30
              d = 0.8511724
      sig.level = 0.05
          power = 0.9
    alternative = two.sided

NOTE: n is number in *each* group
```

这说明按上面的研究方案设计，可能取得的最大效应幅度是 0.8511724，根据 Cohen 给出的参考值，这个效应幅度为 large。

如果所比较的两个样本的容量不同，则要用 `pwr.t2n.test()` 命令。

实例三

如果两个班的人数都达不到 30，一个班是 25，另一个班是 27，希望效应幅度达到 0.8，显著性水平达到 0.05，那么功效（观察到期待的效应的概率）最高能达到怎样的水平？

```
> pwr.t2n.test(n1 = 25, n2 = 27, d = .8, sig.level = .05,
+   alternative = "two.sided")
    t test power calculation

             n1 = 25
             n2 = 27
              d = 0.8
      sig.level = 0.05
          power = 0.8069138
    alternative = two.sided
```

这说明基于这两个班的实验设计，最高有 80.69138% 的概率可以取得所期望的效应，或者说发生 II 型错误的概率约为 19.3% 以上。这个结果无法令人满意，因此以这两个样本为基础做实验很可能无法取得令人满意的效果，最好增大样本容量。

附录五　语料分析包 koRpus 的基本用法

koRpus 包用于语料分析，到目前为止提供的函数主要分为三类，即可读性（readability）、词汇多样性或词汇复杂度（lexical diversity/complexity）、基于 Tree Tagger 的词性标注，这些是应用语言学、语料库研究的重要内容；其他的种类还包括断词（hyphenation）、语种检测等。

```
> install.packages("koRpus")
> install.packages("koRpus.lang.en")        # 英语包
> library(koRpus.lang.en)                    # 可以只加载语言包
```

由于各主要命令都需要用到一些相同的参数，可以在运行命令之前用 `set.kRp.env()` 统一设置这些参数，可使主命令更简洁，如：

```
> set.kRp.env(
+     TT.cmd = "~/POS_taggers/tree-tagger/cmd/tree-tagger-english",
+     lang="en")
```

TT.cmd 参数是电脑系统中标注器的完整路径，lang 是标注文本的语种，en 是默认值。

在主命令中可以方便地调用这些设置，见后面的实例。

A5.1　调用 Tree Tagger 做词性标注

koRpus 到目前为止主要用于 Linux 或 MacOS 系统，主要原因是分析过程需要用命令行的方式调用 Tree Tagger，而后者在 Windows 下只有图形界面。koRpus 使用 `treetag()` 命令调用系统中已经安装并能正常运行的 Tree Tagger 对文本进行词性标注，参数非常丰富全面，这里不详述，读者可自己查看 ?treetag 中的帮助信息。

假如 Tree Tagger 已经正确地安装到电脑系统，目录是 /home/joe/tree-tagger；标注对象是 /home/joe/mydata/dream.txt（本例选取的是 Martin Luther King 的 *I Have a Dream* 演讲稿中的部分内容）：

```
> set.kRp.env(
+    TT.cmd = "/home/joe/tree-tagger/cmd/tree-tagger-english", lang="en")
> treetag("/home/joe/mydata/dream.txt")
      doc_id token  tag     lemma lttr     wclass desc stop stem  idx sntc
1      <NA>     I   PP         I    1    pronoun <NA> <NA> <NA>    1    1
2      <NA>    am  VBP        be    2       verb <NA> <NA> <NA>    2    1
3      <NA> happy   JJ     happy    5   adjective <NA> <NA> <NA>    3    1
4      <NA>    to   TO        to    2         to <NA> <NA> <NA>    4    1
5      <NA>  join   VB      join    4       verb <NA> <NA> <NA>    5    1
6      <NA>  with   IN      with    4 preposition <NA> <NA> <NA>    6    1
                                     [...]
1826   <NA>   are  VBP        be    3       verb <NA> <NA> <NA> 1826   88
1827   <NA>  free   JJ      free    4   adjective <NA> <NA> <NA> 1827   88
1828   <NA>    at   IN        at    2 preposition <NA> <NA> <NA> 1828   88
1829   <NA>  last   JJ      last    4   adjective <NA> <NA> <NA> 1829   88
1830   <NA>     ! SENT         !    1    fullstop <NA> <NA> <NA> 1830   88
1831   <NA>     "   NN <unknown>    1       noun <NA> <NA> <NA> 1831   88
```

标注过程可能要用一些时间。标注结果非常宽，是纵向排列的，每个形符及其标注占一行；只显示开始及最后的若干行结果；随后是文本中的词干列表（可能不准确，如果能先提供一个词干表就可以计算出实际词干）。

词性标注是其他操作（包括可读性和词汇复杂度计算）的基础，所以一般做法是将标注结果存入一个对象，以方便在其他操作中调用：

```
> tagged.result <- treetag("/home/joe/mydata/dream.txt")
```

A5.2　计算词汇多样性

koRpus 可以用于计算词汇多样性（lexical diversity），输出结果包括 TTR、Mean Segmental TTR、Moving-Average TTR、Herdan's C、Guiraud's R、Carroll's R、Uber's Index、Summer's S、Yule's K、Maas's Indies、HD-D 等。

lex.div()命令将这些分数统一在一起计算，注意某些分数要在文本足够长的情况下才有意义。下面基于上一节的标注结果进行词汇多样性计算（计算结果很长，在此省略，请读者自行尝试）：

```
> lex.div(tagged.result)
```

值得一提的是，词汇多样性计算结果中的 MSTTR（Mean Segmental TTR）相当于 WordSmith 等软件中的 STTR（标准形符—类符比），即按固定长度将文本划分为若干单位，然后为每个单位计算 TTR，再将各个 TTR 进行平均所得的比率。MSTTR 是 lex.div() 命令中的一个部分，主要命令是 MSTTR()，其第一个参数是标注过的文本对象，第二个参数 segment 用于指定每个切分单位的长度（词数），如：

```
> MSTTR(tagged.result, segment = 100)
Language: "en"


Total number of tokens: 1672
Total number of types:  537
Total number of lemmas: 528


Mean Segmental Type-Token Ratio
            MSTTR: 0.62
      SD of TTRs: 0.06
     Segment size: 100
    Tokens dropped: 72


Hint: A segment size of 98 would reduce the drop rate to 6.
     Maybe try ?segment.optimizer()

Note: Analysis was conducted case insensitive.
```

A5.3　计算文本的可读性

koRpus 可以根据标注结果计算文本的很多种可读性（readability）分数，其中包括经典的 FOG、Flesch、Flesch-Kincaid 以及 Coleman-Liau、FORCAST 等；如果有一个适当的词汇表，还可以计算 Bormuth、Dale-Chall、DRP、Spache 等，不过某些分数需要检验。每种分数都有单独的命令，可以各自计算，不过可以用 `readability()` 命令将这些方面囊括在一起。建议读者查阅 koRpus 包的说明文档。

```
> readability(tagged.result)
```

计算结果由于包括了以上多种可读性分数，所以很长，在此省略，请读者自行尝试。

也可以用 `textFeatures()` 命令以摘要的形式列出主要结果：

```
> textFeatures(tagged.result)
   uniqWd    complx sntCt sntLen   syllCt charCt lttrCt      FOG
1     569 0.3211722    88     19 1.401914   9060   7198 10.54258
     flesch
1 68.94809
```

标注结果的量化数据可以用图呈现出来，有两个类型，都是用 `plot()` 命令中的 what 参数指定两种类型之一：

```
> plot(tagged.result, what = "wclass")
```

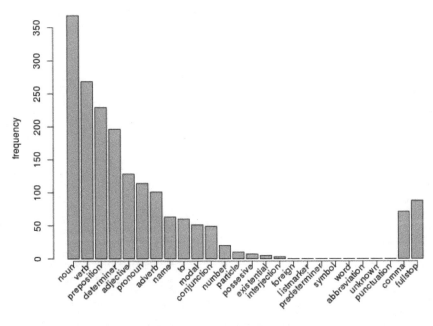

Distribution of word classes

图 A5.1　koRpus 标注结果的可视化（各种词性以及主要标点的频数）

```
> plot(tagged.result, what = "letters")
```

Distribution of word lengths (letters)

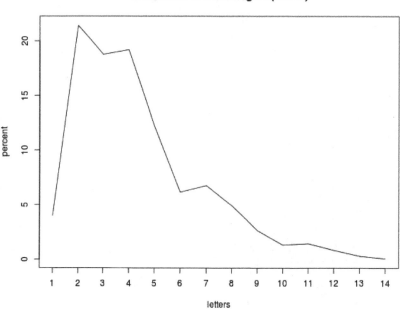

图 A5.2　koRpus 标注结果的可视化（各种词长的词形的频数）

　　这里的 plot() 命令是 koRpus 包在通用的 plot() 基础上定义的，也可以使用 base 包中 plot 的各种选项。

附录六　网络爬虫 Rcrawler 的基本用法

网络爬虫是当今非常热门的技术，简单地说就是用自动化手段从互联网上的一个或多个网站目录中穷尽性地搜索所有可能的网页，分析网页内容并提取和下载指定类型的数据，形成结构化的数据集。网络爬虫一般是对有限数量网站的内容进行抓取，而商业搜索引擎如谷歌、百度等都是网络爬虫的复杂应用，利用强大的硬件设备不停地从大量网站上抓取数据。

在应用语言学领域，可以用网络爬虫技术从网上采集语料。由于网络内容也可以被视为语料来源（Web as Corpus），已经出现一些工作利用网络爬虫技术从互联网上批量抓取文本从而形成网络语料库，如 BootCaT，它利用了微软提供的搜索引擎 API，基于用户提供的关键词列表进行交叉组合，从网上获取符合这些特征的网页，将网页中的 HTML 等标签去掉，并使用 jusText 一类工具将与网页主题无关的重复内容（boilerplate）删除，从而保留网页正文中的文本。著名的 Sketch Engine 就是以 BootCaT 为后台的网络爬虫工具。

有很多方法可以实现网络内容抓取，这里简单介绍 Rcrawler，这是一个用于 R 环境下的网络爬虫工具包，虽然与其他爬虫工具如 wget 相比缺少了断点续传等重要功能，但优点是简单易用。以下先介绍其主要命令 Rcrawler() 的基本用法，首先当然是安装并加载 Rcrawler 包：

```
> install.packages("Rcrawler")
> library(Rcrawler)
```

Rcrawler 的主要的命令就是 Rcrawler()，这里不一一解释，只举几例；读者可自行查看 ?Rcrawler 帮助信息。将这些选项组合使用，可以高效地抓取想要的数据和文本，不过其实很多情况下只提供一两个参数即可满足需求。由于网站目录通常很复杂，爬虫工作需要的时间很长，可以通过加一些参数进行限制，比如指定仅抓取符合某个特征的网页，可显著缩短抓取的时间。

另外很多网站限制网络爬虫的访问，某些选项可以绕开这些限制。有的网页原本就是结构化的，如基于 XML 的网页，Rcrawler 的某些选项可以充分利用这些 XML 结构标识。

使用爬虫软件前首先要仔细分析下载需求，并充分了解目标网站的结构，包括了解该网站各页面的 URL 格式，等等。除了要记下网站的域名，还要打开一些典型的页面，分析其 URL 的结构，然后再拟定 Rcrawler 命令的内容。

例：从 Gutenberg 网站下载书籍

Gutenberg 网站（http://www.gutenberg.org）是最重要的语料来源之一，汇集了大量经典文本的电子版。书籍的 UTF-8 编码文本文档的 URL 一般是下面这种格式：

http://www.gutenberg.org/ebooks/6130.txt.utf-8

因此可以根据这种统一的 URL 格式编写下载命令。由于 Gutenberg 上各文献的编号并没有规律，URL 中也没有任何关于文献内容的标识，以下命令将运行很长时间：

```
> Rcrawler("http://www.gutenberg.org", urlregexfilter =
+   "ebooks/\d+.txt.utf-8")
```

下载完成后就可以将大量文档组成庞大的语料库。

以上是通过 URL 来下载网页。如果想通过检索网站网页中的文本内容，根据指定词来下载网页，就需要用到另外两个选项，一个是 KeywordsFilter，用于指定关键词列表，另一个是 KeywordsAccuracy，大致是指网页与关键词的匹配度，其实际值是通过网页中匹配的关键词数量等计算而来的：

```
> Rcrawler("https://www.gutenberg.org",
+   KeywordsFilter = c("Dunkirk", "Normandy"),
+   KeywordsAccuracy = 60)
```

需要注意的是指定的关键词可能并不出现在网页的正文而是出现在导航链接中，所以下载之后需要手工筛选结果。另外由于通过关键词检索用的是全文检索方法，速度比通过 URL 下载慢得多。

　　Rcrawler 命令的第一个参数可以是网站的域名，也可以是由多个网站域名组成的向量，如：

```
+ Rcrawler(
+   c("https://www.foxnews.com",
+     "https://www.msn.com",
+     "https://news.sky.com"),
+   KeywordsFilter = c("Japan", "Whaling", "IWC"), KeywordsAccuracy = 60)
```

　　当然随着网站数量增多，脚本运行所需的时间也急剧增加，对硬件和网络连接等的要求也非常高。

　　如果想从多个网站下载语料，可以首先采集网址，分析 URL 结构方式，然后编制脚本，像上面这样批量地从这些网站下载网页。

相关文献推荐

Adler, J. 2012. *R in a Nutshell* (2nd ed.). Sebastopol, CA: O'Reilly.

Butler, C. 1985. *Statistics in Linguistics*. Oxford: Blackwell.

Child, D. 1975. *The Essentials of Factor Analysis*. London: Holt, Rinehart & Winston.

Cotton, R. 2013. *Learning R*. Sebastopol, CA: O'Reilly.

Glynn, D. & Fischer, K. (eds.). 2010. *Quantitative Methods in Cognitive Semantics: Corpus-Driven Approaches*. Berlin: De Gruyter Mouton.

Glynn, D. & Robinson, J. A. (eds.). 2014. *Corpus Methods for Semantics: Quantitative Studies in Polysemy and Synonymy*. Amsterdam: John Benjamins.

Gries, S. Th. 2013. *Statistics for Linguistics with R: A Practical Introduction* (2nd ed.). Berlin & Boston: De Gruyter Mouton.

Gries, S. Th. 2016. *Quantitative Corpus Linguistics with R: A Practical Introduction* (2nd ed.). New York: Routledge.

Gries, S. Th. & Stefanowitsch, A. 2004a. Extending collostructional analysis: A corpus-based perspective on "alternations". *International Journal of Corpus Linguistics*, 9(1): 97-129.

Gries, S. Th. & Stefanowitsch, A. 2004b. Covarying collexemes in the into-causative. In M. Achard & S. Kemmer (eds.), *Language, Culture, and Mind* (pp. 225-236). Stanford, CA: CSLI.

Hatch, E. & Farhady, H. 1982. *Research Design and Statistics for Applied Linguistics*. Rowley, MA: Newbury House.

Hilpert, M. 2014. Collostructional analysis: Measuring associations between constructions and lexical elements. In D. Glynn & J. A. Robinson (eds.). *Corpus Methods for Semantics: Quantitative Studies in Polysemy and Synonymy* (pp. 391-404). Amsterdam: John Benjamins.

Kabakoff, R. I. 2011. *R in Action: Data Analysis and Graphics with R*. Shelter Island,

NY: Manning Publications.

Leech, N. L., Barrett, K. C. & Morgan, G. A. 2004. *SPSS for Intermediate Statistics: Use and Interpretation* (2nd ed.). Mahwah, NJ: Lawrence Erlbaum Associates.

Levshina, N. 2015. *How to do Linguistics with R: Data Exploration and Statistical Analysis*. Amsterdam: John Benjamins.

Mangiafico, S. S. 2016. Summary and Analysis of Extension Program Evaluation in R, version 1.13.6 [M/OL]. http://rcompanion.org/handbook/.

Ogle, D. H., Wheeler, P. & Dinno, A. 2019. FSA: Fisheries Stock Analysis. R package version 0.8.24. https://github.com/droglenc/FSA.

Reinhart, A. 2015. *Statistics Done Wrong: The Woefully Complete Guide*. San Francisco: No Starch Press.

R Core Team. 2018. R: A language and environment for statistical computing. R Foundation for Statistical Computing, Vienna, Austria. https://cran.r-project.org/doc/manuals/fullrefman.pdf.

Sokal, R. R. & Rohlf, F. J. 1981. *Biometry: The Principles and Practice of Statistics in Biological Research* (2nd ed.). Oxford: W.H. Freeman.

Stefanowitsch, A. & Gries, S. Th. 2003. Collostructions: Investigating the interaction of words and constructions. *International Journal of Corpus Linguistics*, 8(2): 209-43.

Stefanowitsch, A. & Gries, S. Th. 2005. Covarying collexemes. *Corpus Linguistics and Linguistic Theory*, 1(1): 1-43.

Triola, M. F. 2010. *Elementary Statistics Technology Update* (11th ed.). Boston: Addison-Wesley.

Wasserstein, R. L. & Lazar, N. A. 2016. The ASA's statement on p-values: Context, process, and purpose. *The American Statistician*, 70(2): 129-133.

Woods, A., Fletcher, P. & Hughes, A. 1986. *Statistics in Language Studies*. Cambridge: Cambridge University Press.

Anthony Woods 等，2000，《语言研究中的统计方法》（*Statistics in Language Studies*），陈小荷等译。北京：北京语言大学出版社。

桂诗春、宁春岩，1997，《语言学方法论》。北京：外语教学与研究出版社。

韩宝成 编著，2000，《外语教学科研中的统计方法》。北京：外语教学与研究出版社。

Joseph Adler，《R语言核心技术手册（第2版）》（*R in a Nutshell* < 2nd ed.>），刘思喆等译。北京：电子工业出版社。

李绍山，1999，《语言研究中的统计学》。西安：西安交通大学出版社。

马广惠，2003，《外国语言学及应用语言学统计方法》。杨凌：西北农林科技大学出版社。

Paul Teetor，2013，《R语言经典实例》（*R Cookbook*），李洪成等译。北京：机械工业出版社。

秦晓晴，2003，《外语教学研究中的定量数据分析》。武汉：华中科技大学出版社。

秦晓晴、毕劲，2015，《外语教学定量研究方法及数据分析》。北京：外语教学与研究出版社。

Richard Cotton，2014，《学习R》（*Learning R*），刘军译。北京：人民邮电出版社。

Robert Kabacoff，2013，《R语言实战》（*R in Action: Data Analysis and Graphics with R*），高涛等译。北京：人民邮电出版社。

王斌会 主编，2006，《R语言统计分析实用教程》。北京：中国教育文化出版社。

魏日宁，2012，再谈外语定量研究中的效应幅度，《现代外语》(4)：416-422。

薛毅、陈立萍 编著，2007，《统计建模与R软件》。北京：清华大学出版社。

杨端和、李强，1998，《语言统计学》。昆明：云南大学出版社。

张少林，2009，效应幅度：外语定量研究不能忽视的测度值，《外语教学理论与实践》(3)：67-70。

张少林 主编，2018，《外语教学定量研究设计与实现》。沈阳：沈阳出版社。